KULTUR-REISEFÜHRER

Michael Pantenius

Sturmbesonntes Land

Fischland * Darß * Zingst und Boddenküste

mitteldeutscher verlag

✶ Blick auf Wustrow

Orientierung

✶ „Strandwanderung“ mal anders

einfach essen, denn wer den zu Hause machen will, kann seine Küche 14 Tage lüften. Und – selbstverständlich – Aal. Wer die Wahl hat … Ob Fleischesser oder Vegetarier – jeder kommt auf seine Kosten: Wasserbüffel aus ökologischer Tierhaltung, hausgemachte Nudeln, Gemüse nur aus der Region, Lupinenkaffee – fast alles ist im nahen Umkreis angebaut und hergestellt.
Lokale mit Aussicht auf die See sind besonders „angesagt“. Doch da muss man vorbestellen und mitbringen, was die „Fischköppe“ in ihrer Sprache eine „dicke Marie“ nennen. Verwunderlich? Warum? Das ist an allen Küsten so.
Hören, schauen, riechen, fühlen. Die Strände sind gefühlt unendlich lang. Wer will, kann ohne nennenswertes Hindernis von Dierhagen bis nach Zingst wandern, das sind gut 45 Kilometer. Und dabei rauscht das Meer seine Melodie. Mal flüsternd leise, mal bewegt und wild. Hin und wieder schaffen es die Brecher bis an die Abbruchkante des Landes, mal ruht die See still wie ein Ententeich. Der Wind streicht über den Strandhafer, fällt in den Wald hinter dem Deich. Er bringt den Geruch von Salz und See, von Algen und Fisch, und setzt sich schon nach ein paar Tagen

auf der Haut und in der Kleidung fest. Nach wenigen Kilometern wölben sich die Hosentaschen, der Rucksack füllt sich mit Steinen, Muscheln, kleinem Strandgut. Das gehört zum Urlaub, zum Genuss mit allen Sinnen, wie der Besuch der einen oder anderen Galerie in Ahrenshoop.

Die Kinder waren im Wasser, jetzt bibbern sie, doch fröhlich sind sie immer noch, und ihrer Stimmung wird noch weiter aufgeholfen. Der Eismann kommt am Strand entlang. „Eis! Eis!", ruft die Schar, „Eis!"

Der Hering ist ein salzig Tier,
er kommt an vielen Orten für.
Wer Kopf und Schwanz kriegt, hat kein Glück.
Am besten ist das Mittelstück.
Es gibt auch eine saure Art,
in Essig wird sie aufbewahrt.
Geräuchert ist er alle Zeit
ein Tier von großer Höflichkeit.
Wer niemals einen Hering aß,
wer nie durch ihn von Qual genas,
wenn er mit Höllenpein erwacht,
der kennt nicht seine Zaubermacht!
Drum preiset ihn zu jeder Zeit,
der sich der Menschheit Wohl geweiht,
der heilet, was uns elend macht,
dem Hering sei ein Hoch gebracht!

Heinrich Seidel (1842–1906)

* Die Mündung der Recknitz

In den Lagunen der Ostsee

Bevor ich das Boot kaufte, gab es allerlei zu bedenken. Einsitzer? Zweisitzer? Länge? Gewicht? Nur die Farbe stand fest: Gelb. In einem gelben Boot paddelt man nie allein. Insekten lieben diese Farbe. Kaum lege ich mit meiner „Kathi" vom Wustrower Ufer ab, sind sie da: Libellen jeder Art und Größe. Unruhig schwirrend lassen sie sich auf dem Vorschiff nieder. Ihre Flügel vibrieren. Facettenaugen leuchten. Unruhig tasten feine Fühler. Ist das eine Sonnenblume? Nach ein paar Minuten sitzen sie reglos da. Manche eine Stunde lang, andere – so scheint es – verbringen fast einen vollen Spätsommersonnentag mit mir auf den Gewässern zwischen dem Saaler und dem Barther Bodden.

Rechterhand steht Schilf, mannshoch und voller Leben. Priele führen weit hinein ins Dickicht, an seinen Enden beginnt das Salzgrasland. Vor ihm schwimmen Enten, Graugänse, Haubentaucher, Blesshühner und Schwäne auf dem gelblich-blauen Wasser. Der Wind und eine leichte Strömung bringen mich ihnen näher. Neugierig schauen sie zu mir herüber. 50 Meter vor den Tieren drehe ich ab. Die Natur Natur sein lassen. Dieses Motto gilt auch hier. Man kann zwar dicht an die flachen Ufer heranfahren, sollte aber dennoch Abstand halten. Und: Zur Brutzeit, selbst noch im späten Sommer, kann es ansonsten regelrecht gefährlich werden. Schwäne sind in der Regel friedlich, aber sie schützen tapfer ihre Jungen und stürzen sich auf jeden Feind.

Plötzlich ein leichtes Schleifen unter dem Boot. Das Wasser ist nur noch 20 Zentimeter tief! Schon sitze ich auf. Was jetzt? Aussteigen empfiehlt sich nicht, denn das Paddel findet keinen

festen Grund. Ich stochere im Schlick. Erschrocken flieht eine Scholle. Was tun? Zum Glück kommt etwas Wind auf. Also das kleine Segel hoch! Die leichte Brise zieht mich nach und nach zurück ins tiefere Revier. Glück gehabt. Weht ablandiger Wind, fallen größere Gewässerflächen trocken, das hatte ich nicht bedacht. Bei dieser Wetterlage wird das Wasser aus den Bodden hinaus in die See gedrückt. Erst bei anlandigem Wind kommt es wieder und bringt Salzwasser mit, das sich mit dem fast „süßen" Achterwasser mischt. Diese Bewegung in den Flachwasserzonen hat nichts mit Ebbe und Flut zu tun. Die gibt es an der Ostsee nicht, folglich auch kein Wattenmeer, aber der Effekt ist doch der gleiche: Die Windwatten in den Bodden bieten Vögeln, besonders im Frühjahr und im Herbst, ein großes Nahrungsangebot.
Neuer Kurs Nordost. Vorbei an weiten Buchten, Kurvenfahrt um Reusen, die weit hinaus ins Wasser führen. Zeesenboote zeigen ihre braunen Segel. Die Luft riecht schwach nach Fisch. Nur drei Kilometer sind es bis zu jedem Ufer und doch ist hier die Welt ganz anders. Stille. Der Luxus absoluter Stille. Ich weiß, das muss nicht lange so bleiben. Das spiegelglatte Wasser schaut so harmlos aus. Das ist es nicht. Rasch kann ein starker Wind aufkommen und sich drehen … Das habe ich erst jüngst erlebt. Sonne satt. Erst nur ein laues Lüftchen, dann eine Brise, Minuten später Sturm und Wellen 50 Zentimeter hoch.
Die Strömung läuft in Richtung Bodstedter Bodden und weiter zur Meininger Brücke. Von dort paddele ich zur Barthe. Das ist ein kleines Flüsschen. Kaum zu glauben, dass es einmal Bedeutung für die Schifffahrt hatte. Der Recknitz, die bei Damgarten in den Bodden mündet, glaubt man das schon eher. Also

✶ Blutweiderich (*Lythrum salicaria*) an den Ufern der Barthe

die Barthe aufwärts. Sie ist nach drei Kilometern nur noch eine schmale Wasserrinne. Aber eine schöne! Hier schmücken unzählige gelbe Wasserlilien, Seerosen und dunkler Blutweiderich die Lagunen der Ostsee. Dazu kommen die dunkelbraunen Kolben des Schilfs. Als Halbwüchsige haben wir die „geerntet", mit Zeitungspapier umwickelt und geraucht. Nicht lange und es war uns hundeelend …

Meine Libellen haben mich fürs Erste verlassen. Noch ein paar hundert Meter Fahrt. Kanutenweisheit. Nur so weit voran, dass man noch wenden kann. Aussteigen ist hier ganz und gar undenkbar. Abgrundtiefer Morast. Über ihm nisten auf den abgestorbenen Bäumen Kormorane. Bussarde sind dabei, ihren Jungen das lautlose Segeln im Himmelsblau zu lehren.

Am anderen Ufer liegt die Insel Kirr. Dazwischen dümpeln ein paar Segelboote, zwei Ausflugsdampfer laufen eilig durch das Bild. Die kamen wohl den Prerowstrom herunter, oder sie starteten in Born. Auch Barth hat eine kleine Flotte. Wer die Lagunen der Ostsee nicht auf eigene Faust erkunden kann oder will, sollte an Bord gehen. Bei einer Fahrt von zwei, drei Stunden erfährt man alles, was man wissen sollte über diese Landschaft, die einmalig ist in Deutschland. Sie war ursprünglich ein wenig anders. Vor Jahrhunderten bildete Deutschlands schönste Halbinsel eine Inselkette. Vor Wustrow gab es einen Durchbruch in die offene See. So konnte die Flotte der „heiligen Insel" ohne Weiteres den Hafen am Kirchberg erreichen. Das ärgerte die Rostocker Handelsherren. Sie versenkten in der Einfahrt ein paar Sperrschiffe, Treibsand besorgte den Rest. Der Ort der Untat bildet jetzt die schmalste Stelle der Halbinsel. Auch der Darß war also einstmals eine Insel, denn der heute Prerowstrom genannte Wasserarm führte vor wenigen Jahrhunderten noch hinaus ins Meer. Damit war der Zingst auch eine Insel.

Der Große Kirr vor dem Zingst ist selbst aus der Nähe schwer zu sehen, denn das Land liegt kaum einen Meter über dem Wasser. Eigentlich ist das gar keine Insel, sondern ein von unzähligen Prielen durchzogenes 370 Hektar großes Salzgrasland auf dem Salzbinse, Strand-Milchkraut und andere bedrohte Pflanzen wachsen. Dennoch haben hier einst Bauern gewirtschaftet. Ein paar Kühe weiden auch heute hier. Sie werden in jedem Frühjahr mit einer nur für sie konstruierten Fähre übergesetzt. Heute ist der Kirr als Vogelparadies berühmt. Abgesehen vom Kranich leben hier 23 Arten der Wattvögel, die allesamt bedroht und deshalb streng geschützt sind. Betreten darf man den Kirr nur im Rahmen einer Exkursion. Erfahrene Ranger führen kleinste Gruppen. Mit etwas Glück sieht man den Alpenstrandläufer (*Calidris alpina*), der fast ausgestorben ist. Das Glück habe ich nicht. Aber wo sieht man schon noch eine Gesellschaft von 500 Schwänen mit ihren halbwüchsigen, noch grauen Jungen?

Jetzt weht der Abendwind aus Osten. Das Segel zieht mich zuverlässig Richtung Sonnenuntergang.

Bernsteinmehl und Kräutertees – alles aus der Region

Pulver gegen manche Plage

Schmuck aus Bernstein ist begehrt. Aber Bernsteinmehl? Was macht man damit? Hat das einen Wert? Hat es durchaus, das wussten nicht nur die Germanen. Im alten Ägypten und in Griechenland galt Bernstein in dieser Form als Heilmittel gegen Fieber, Magen- und Halsschmerzen. Noch im 17. Jahrhundert fehlte Bernsteinmehl in keinem Kräuterbuch. Man verwendete es bei Schwangerschaftsbeschwerden und Geburten. Und heute? Heiler setzen Bernsteinstaub, -mehl und -granulat vielfältig ein. Bernsteinsalbe soll gegen dies und das helfen, unter anderem Kopfschmerzen vertreiben. Und, Tierfreunde aufgepasst! Dem Hund oder der Katze ein paar Gramm unter das Futter gerührt vertreibt jede Zecke. Na, das ist doch was.

HEISSE BERNSTEIN-LIMONADE

Pro Portion 2 Esslöffel Honig, 1 Teelöffel Ingwersirup, eine halbe Zitrone und eine Fingerspitze Bernsteinmehl. Mit heißem Wasser aufgießen und ordentlich umrühren.

✶ Fischerhäuser in Wustrow

Weiß oder lieber bunt?

Ein Kapitän ist ein Kapitän. An Bord wohnt er nicht in einer winzigen Kajüte und an Land nicht in einer Kate, die ausschaut wie die eines Fischers. Klar. Ein echtes Kapitänshaus erkennt man schon am Dach. Es ist mit Ziegeln gedeckt, und alle Wände sind aus Stein. Roter Backstein kommt vor, die meisten aber sind weiß angestrichen. Es soll ein wenig ausschauen wie die Aufbauten eines Schiffes oder an die Beseglung eines großen Windjammers erinnern. Auffällig außerdem: Solider Eingang in der Mitte, leicht erhöht. Die Tür nicht selten eindrucksvoll gestaltet. Die Läden vor den Fenstern in dem meist recht großen Haus leuchten oft in schönem Grün, grün, wie die See auch sein kann. In summa: Ein Kapitänshaus ist repräsentativ. Anbauten für die Wirtschaft fehlen. Man sieht: Der Mann hat es zu etwas gebracht, und wenn er an Land ist oder bereits auf dem Altenteil – er war und bleibt der Kapitän, er hat den Überblick und die Verantwortung für das Ganze.

Fischerhäuser haben ein Dach aus Rohr, auch Reed genannt. Sie sind also mit dicken Schilfmatten gedeckt. Das Haus ist kleiner und niedriger als ein Kapitänshaus, seine Wände bestehen aus Rutengeflecht oder Fachwerk, Lehm deckt die dünnen Wände oder füllt die Gefache, doch da er sauber glattgezogen ist und in der Regel bunt gestrichen, sieht das gut aus.

Eines haben Kapitäns- und Fischerhaus gemeinsam: einen Garten an der Frontseite. Da wachsen vielfach Rosen. Die kommen mit dem kargen Boden klar, zumindest gilt das für die Heiderosen, die ja auch nur auf Regen angewiesen sind.

Was ist nun schöner? Ein Kapitänshaus oder ein Fischerhaus?

✶ Balance-Akt

Paradiesische Gegend

Im späten 19. Jahrhundert nannte man sie verächtlich Nudisten, gelegentlich auch Naturisten. Sich öffentlich so zeigen wie einen der Herrgott geschaffen hat? Nein, das gehörte sich nicht. Später war die Rede von freier Körperkultur, der Begriff hat sich durchgesetzt. Längst weiß jedermann, was er darunter zu verstehen hat. In der DDR hielt sich niemand mehr über „die Nackten" auf. FKK – die bislang berühmt-berüchtigte Freikörperkultur – war „in", sie war der Ausdruck des Wunsches nach einem selbstbestimmten Leben inmitten allgemeiner Gängelei und überall im Land verbreitet. Der Ausspruch Theodor Fontanes lief um: „Und sind auch verschieden der Menschheit Lose / gleichmacherisch wirkt die Badehose." FKK in der DDR? Mit Sexualität hatte das nichts zu tun, aber viel mit unorganisierter Lebensfreude.

Die Hochburg der „Bewegung" war die Ostseeküste. An den Stränden zwischen Dierhagen und Zingst, natürlich auch drüben auf Rügen und auf Hiddensee, zwischen Wismar und Rostock und auf Usedom waren Textilien am Sommersonnen-Strand mehr die Ausnahme denn die Regel. Das ist anders geworden. Doch nicht grundsätzlich. FKK-Strände gibt es noch immer, aber sie werden sorgfältig gekennzeichnet und abgegrenzt. Offiziell ausgewiesene Strandabschnitte für das „nackte Sonnen- und Badevergnügen" gibt es in Dierhagen, Wustrow, Ahrenshoop, Prerow, Zingst und am Darßer Weststrand. Doch außerhalb dieser Sonderzonen geht es auch, denn es ist wie mit allen Vorschriften hierzulande: Die einen beachten sie, die anderen pfeifen drauf. Noch immer gilt in Deutschland: Was nicht ausdrücklich ver-

* Radlers Lieblingsstrecke – der Deich zwischen Prerow und Zingst

an, falls Sie eine Panne haben, wir kommen dann an jeden Ort im weiten Umkreis und helfen Ihnen."

Na, das nenn ich einen guten Service. 10 Uhr, los geht die Fahrt. Die Strandstraße in Wustrow ist leicht abschüssig. Ich steige auf und trete, sofort kommt das erwartete Aha-Erlebnis. Ein ordentlicher Schub treibt mich voran, im Nu zeigt der Tacho 25 Stundenkilometer. Fünf grüne Lämpchen blinken freundlich. Ich bin begeistert. Solch ein Tempo, ohne jede Mühe! Was für ein Septembersonnentag. Kleine Wölkchen hoch im Blau, kaum Wind. Nach wenigen Minuten bin ich in Ahrenshoop und wenig später schon am Parkplatz, von dem aus Wege in den Urwald und zum Weststrand führen.

Nun mahlen die Räder durch knöcheltiefen Sand. Absteigen? Nein, es ist genügend Kraft vorhanden im Akku, der nicht einmal brummt. Die Baumkronen schließen sich über dem Weg. Tiefe Schatten, dichte Gebüsche. Hoher Adlerfarn. Hin und wieder ein umgestürzter Baum. Große Pilze wuchern auf ihm. Dann eine Lichtung. Waldblumen, hohe Gräser wiegen sich im schwachen Wind. Romantik pur. Ich radle schweigend, obwohl ich singen möchte. So geht Urlaubsglück.

Doch was ist, wenn plötzlich Isegrim auftaucht? Unmöglich scheint das nicht. Mitte Juli 2017 bestätigte das Umweltministerium in Schwerin, dass sich hier – also inmitten des Nationalparks Vorpommersche Boddenlandschaft – ein Wolf aufhält. Das Beweisfoto wurde in der Ostseezeitung veröffentlicht. Ein Wolf! Man ahnt, der wird nicht lange einsam sein, der holt seine Familie nach. Warum auch nicht, hier lässt es sich auch für ihn gut leben, denn es gilt das Motto des Nationalparks „Die Natur

Natur sein lassen". Niemand schwingt die Axt, keine Motorsäge knattert, kein Schuss fällt, denn etwa 1.000 Hektar Wald und Wiese werden nicht bewirtschaftet und nicht bejagt. Ab und an Wanderer. Abzählbar an einer Hand, die große Mehrzahl läuft am Strand entlang und sucht Hühnergötter.

Ruhe. Stille. Das wissen die Rehe und Hirsche zu schätzen. Sie wagen sich am hellen Tag aus dem Dickicht. Jetzt, zur Brunftzeit lassen sie Menschen sogar bis auf wenige Meter an sich heran. Das ist schon reizvoll. Und Isegrim? Das Ministerium hat Informationsblätter verteilt, auf denen steht, wie man sich im Falle einer Begegnung verhalten soll. Alles gut und richtig, aber ich vermisse einen Satz, der auffordert von Rotkäppchen zu lernen. Also das Tier freundlich ansprechen, ihm vielleicht etwas Kuchen anbieten (auf keinen Fall Rotwein) und unbeeindruckt weitergehen oder eben radeln.

Allmählich wird der Wald lichter. Links kommt der Leuchtturm in Sicht. Menschenmassen, Pferdewagen, der Weg ist mehr als ausgekarrt. Dann wird er fest. Holprige Betonplatten. Jetzt wären Ballonreifen und lange Federbeine gut. Heftige Stöße. Ganz unverkennbar, das war ein Versorgungsweg der Grenztruppen der DDR. Er führt fast bis Prerow. Nur drei Meter neben dem Weg sind ganze Kolonien von Butterpilzen und Echten Reizkern zu sehen. Ich bin versucht, sie mitzunehmen. Nein. Das ist verboten. Wenn das jeder täte …

Jetzt die Waldstraße entlang, vorbei am Darßmuseum und an schönen Häusern mit den berühmten Prerower Türen. Absteigen und alles besichtigen? Nein, ein andermal. Heute ist E-Bike-Tag. Der Radweg führt am Hafen vorbei. Links grüßt der

✶ Sommeridyll zwischen Meer und Bodden

Turm der Seemannskirche. Dann kommt der Deich in Richtung Zingst, die Lieblingsstrecke der Pedalritter. Glatter Asphalt und eine gute Breite. Die See ist nah, doch ein kleiner Kiefernwald schützt vor dem zunehmenden Wind. Nach Zingst? Heute nicht. Lieber über die Meiningenbrücke in Richtung Barth.

Als ich die Verbindung zum Festland überquere, erschrecke ich: Nur noch zwei der fünf Lämpchen leuchten hell und freundlich. Es dämmert mir, ich bin ein Greenhorn. Der Akku ist bereits halb leer! Ich bin die ganze Zeit mit voller Kraft dahingerollt. Warum bin ich nicht sinnvoll, das heißt am Beginn der Tour nur mäßig unterstützt, gefahren? Nur Anfänger verhalten sich so dumm.

Zurück? Der Weg am Bodstedter Bodden über Damgarten und Ribnitz scheint genauso weit. Scheint. Es sind 20 Kilometer mehr, wie ich noch merken werde. Ich fange an zu sparen, lasse die Finger vom „Gas“hebel und trete und trete. Scharfer Wind von vorn. Dann leichter Nieselregen. Endlich, die Kirche in Bodstedt. Pause. Im Gotteshaus sind ein paar Votivschiffe zu bewundern. Fahrensleute haben sie einst gestiftet, als Dank für ihre wundersame Rettung aus Seenot. Dann wieder strampeln, strampeln und nur mit Vorsicht die Unterstützung nutzen. Dörfer. Dörfer. Siedlungen. Einzelne Gehöfte. Getreidefelder. An ihren Rändern breite blaue Streifen. Leuchtende Kornblumen. Roter Klatschmohn. Wo gibt es das sonst noch in Zeiten des gereinigten oder gleich pillierten Saatgutes und „intensiver landwirtschaftlicher Verfahren“? Wieder ein Dorf. Auf der Straße ein paar Katzen, mehrfarbig, schnurrbärtig und schnell. Glückskatzen. Rhododendronhecken. Hinter ihnen weite Felder voll Kamille.

Über die Recknitzbrücke zwischen Damgarten und Ribnitz schiebe ich das Rad, so wie das auf einer Grenze üblich ist, auch wenn hier lange schon kein Posten mehr zu sehen ist. Damgarten gehörte einst zu Vorpommern und Ribnitz zu Mecklenburg. Noch immer grüßen an den jeweiligen Ufern der Rote Adler und der Ochsenkopf. Auf diese alten Zugehörigkeiten legen manche Bürger noch immer wert, denn man hat sie 1950 nicht gefragt, ob sie mit ihrem Gegenüber zu einer Stadt vereint werden wollten.

Ribnitz. Der Markt. Im Schatten der gewaltigen Kirche eine Fischbrötchenbude. Erst mal stärken. Und ein Störtebeker Bier. Zügig geht's weiter, doch in Dierhagen Strand ist plötzlich Schluss. Kein Lämpchen leuchtet mehr. Jetzt tritt sich das Rad weit schwerer als ein ganz normaler Drahtesel. Ich keuche. Das linke Knie muckert.

Und nun? Anrufen? Mich abholen lassen? Nein, das geht mir wider die Ehre. Dummheit und falscher Ergeiz gehören bestraft. Also noch zehn Kilometer. Wenigstens bläst mir der Wind jetzt in den Rücken. Er kommt von See, und er wird stärker.

Wustrow in Sicht. Schon 19 Uhr. Noch immer hat die Sonne Kraft. Das einzige Windrad auf Deutschlands schönster Halbinsel schwirrt hurtig vor sich hin. „Da sind Sie ja“, sagt der Verleiher. „Neun Stunden! Allerhand. 100 Kilometer, und kein Lämpchen leuchtet mehr!“ Er blickt mir ins verschwitzte Gesicht. „Warum haben Sie vorher nichts gesagt? Ich hätte Ihnen einen Ersatzakku mitgeben.“

Ja, nun bin ich klüger.

* Nach dem Sturm – Schiffsplanke etwa 300 Jahre alt

Was liegt denn da am Strand?

Was so alles von Bord der Kreuzfahrtschiffe fällt. Bierbüchsen, Pappbecher, bunte Blättchen, Sonnenhüte … Irgendwann wird das meiste Strandgut. In der DDR gerieten diese Sachen zu Sammelobjekten. Eine pyramidenförmige Milchtüte aus Frankreich, das war schon was. Da konnten die Gedanken in die nahe Ferne schweifen. Aber heute? Zivilisationsmüll, und der ist allemal ein Ärgernis. Das war nicht immer so. Als im November 1930 vor Dierhagen der finnische Dreimastschoner „Janne" im Sturm auf Grund lief, kam bei den Fischländern Freude auf. Wertvolle Ladung, Kisten und Kasten voller willkommener Weihnachtsgeschenke! Vom Wrack der „Janne" ist heute kaum noch etwas zu sehen, am Strandübergang 15 ragen bei seichter See nur ein paar Spanten aus dem Wasser.
Es heißt, zwischen Dierhagen und Zingst liegen etwa 500 gestrandete Schiffe auf dem Meeresgrund. Aber man muss schon Glück haben, wenn man bei einem Spaziergang auf einen attraktiven Gegenstand trifft, auf eine schöne alte Planke, ein Stückchen Ankerkette und was es so an Überresten aus der großen Zeit der Segelschifffahrt geben mag.
500 Schiffe? Nicht alle fielen der See zum Opfer, in manchen Fällen steckte böse List dahinter. Leuchtfeuer wurden versetzt, um Schiffe irrezuleiten und sich dann ihrer Ladung zu bemächtigen. Strandräuberei vom Feinsten und nur halb so riskant wie die Seeräuberei. Die Strandvögte hatten viel zu tun, denn es galt eine strenge Ordnung durchzusetzen. Erst seit 1990 gilt gesetzlich: Wer etwas findet, darf es behalten, wenn der bisherige Eigentümer „den Besitz der Sache aufgegeben hat".

* Hühnergott

Strandsouvenir mit Schutzfunktion

Wie viele Götter braucht der Mensch? Schwer zu sagen. Im alten Griechenland bevölkerten sie einen ganzen Himmel. Christen beten nur zu einem Gott. Hindus verehren bis zu einer Million Götter. Und die Tiere? Da weiß man, dass auch Hühner nur einen Gott haben, der aber tritt in hoher Stückzahl, diversen Größen und Formen auf und zwar so vielfältig wie die Wanderer, die am Strand nach Hühnergöttern suchen. Nur, die Hühner haben mit den begehrten Steinen nicht direkt zu schaffen, es waren die Slawen, die solche Steine in den Geflügelställen aufhängten, um ihr Federvieh vor dem bösen Geist zu schützen.

Zur Hochsaison muss man den Strand sehr lange absuchen, bis man einen Hühnergott findet. Im Frühjahr und Herbst sieht es schon besser aus, die Stürme werfen manches auf den Sand. Nicht nur Müll, sondern auch schönes Schwemmholz, hin und wieder einen Bernstein und natürlich Hühnergötter in jeder Form und Größe. Egal ob mit einem oder mehreren Löchern – jeder ist ein Feuerstein und einige Jahrmillionen alt.

Gefährliche Nothelfer

Schön sind sie nicht, denn sie verstellen den Blick auf die See. Aber sie sind notwendig. Ohne die Buhnen, die langen Reihen aus tief in den Meeresgrund gerammten Baumstämmen, würden die Sturmseen am Land nagen, noch mehr als sie es ohnehin schon tun, es weiter und weiter abtragen, die Strände versetzen, Ufer unterhöhlen und Bäume stürzen. Das Land bliebe ungeschützt.

Buhnen sind nützlich und gefährlich in einem. Man sollte sich von ihnen fernhalten, denn selbst wenn das Wasser still ruht wie ein Ententeich, herrscht an ihnen oft ein starker Sog, der Fachmann nennt das Unterströmung, und gegen die kommt kaum ein guter Schwimmer an.

Buhnenreihe: Jeder Stamm steckt metertief im Sand

Die letzten Immortellen blühen in den Dünen

Noch lebt die „Unsterbliche“

Zäh ist sie und bescheiden, anspruchslos. Sie begnügt sich mit Sandboden und trotzt allen Unbillen des Wetters, da mag es hageln, schneien, wochenlang nicht regnen – sie ist unsterblich, wie ihr französischer Name immortel sagt. Dem Menschen aber kann sie nicht trotzen. Noch vor 50 Jahren deckte die Dünen im Sommer und bis in den Herbst ein gelbes Blütenmeer. Wohin man sah wuchsen die kleinen Strohblumen. Auf den Gräbern in Prerow lagen oftmals Immortellenkränze, und Bräuten wurden vor der Kirchentür Gebinde mit den kleinen gelben Blumen überreicht. Eine Symbolik, die jedermann verstehen kann. Urlauber haben die Unsterbliche zu Millionen ausgerissen, gebündelt und getrocknet, als Zierde für ihr Heim. Immortellen verändern ihre Farbe nicht. Die Pflänzchen, die man noch hin und wieder sehen kann, stehen unter Naturschutz. Wo sie wachsen, wird hier nicht verraten.

Rittmeister Baron Botho von Rienäcker fragte in der Handelsgärtnerei, „ob er zu dem frischen Kranz auch einen Immortellenkranz haben könne? Das Fräulein … erschien gleich danach mit einem Karton, in dem fünf, sechs Immortellenkränze lagen, gelbe, rote, weiße.
„Zu welcher Farbe raten Sie mir?“
Das Fräulein lächelte: „Immortellenkränze sind ganz außer Mode. Höchstens in der Winterzeit …“

Aus „Irrungen und Wirrungen“
von Theodor Fontane (1819–1898)

„Herr Silber“ im Paradies

Leicht bewegte See. Aber: Etwa 50 Meter vor der Wasserlinie strampelt sich ein Schwimmer ab, schlägt um sich, scheinbar orientierungslos. Da ist ein Kind in Not! Hilfe! „Nur mit der Ruhe“, sagt mein Strandnachbar und erhebt sich: „Das ist Herr Silber, der macht immer so ein Geplansche.“ Ein Pfiff, Herr Silber wendet auf der Stelle, kommt an Land, schüttelt sich, eilt zu seinem Herrn, macht Männchen, gibt die Pfote. Na also, der kleine Dackel ist unbeschadet wieder da.

Schön, dass es überall Hundestrände gibt. Die Schönsten? Zweifellos der Nordstrand in Prerow und der in Ahrenshoop, Strandaufgang 14, der Wustrower ist auch nicht zu verachten.

✶ Tempo, Tempo, mir ist so hundekalt nach diesem Bad

✶ Strandgalopp in Wustrow – 1.200 Meter längs der Wasserlinie

Aufs richtige Pferd gesetzt

„Das Glück der Erde, liegt auf dem Rücken der Pferde." Dass die Wahrheit des Sprichworts auch an der See gelebt wird, sieht man in den Gesichtern der Mädchen, die hin und wieder auf schnellen Pferden den Strand hinauf von Ahrenshoop zum Darßer Ort galoppieren. Sie kommen von den Reiterhöfen auf dem Fischland, vom Darß, auch aus Dierhagen. Dort haben sie eine angstfreie Reitausbildung auf gutmütigen „Familienpferden" erhalten. Der Galopp ist freilich etwas für Fortgeschrittene, aber Urlauberkinder können bereits in einem Zehn-Stunden-Kurs lernen, was für eine lebenslange Beziehung zum Pferd wichtig ist.

Vielleicht wird er der neue Tonnenkönig

Könige und Fahnenträger hoch zu Ross

Militärische oder royale Ambitionen hatten die Darßer noch nie, aber der Chef des „Tonnenreitens“ hat einen Offiziersrang. Er ist Hauptmann und kommandiert bei ihrem beliebtesten Volksfest. Dann gibt es noch den Tonnenkönig, den Stäbenkönig, Königsbegleiter, Fahnenträger und natürlich jede Menge „Gemeine“. Letztere sind Männer, die sich besonders sicher auf einem galoppierenden Pferd halten und dabei mit einem Knüppel so gegen eine ziemlich hoch gehängte hölzerne Tonne schlagen können, dass am Ende alle ihre Teile am Boden liegen. Das Publikum am Rand darf dabei jubeln oder spotten. Beides findet statt, aber gute Stimmung ist allemal gegeben.

Tonnenreiten ist ein Vergnügen, das im Morgengrauen beginnt und mit Umzug, Schmaus und Trank und allerlei Allotria auf der Festwiese, mit der Ordensverleihung und dem Tanz im Festzelt einen ganzen Tag ausfüllt. Der neue Tonnenkönig – also der Reiter, dem es gelungen ist, das letzte Stück der Tonne abzuschlagen – gibt den Ton an, führt das große Wort.

Erinnert wird mit diesem Fest an den Widerstand gegen die schwedische Besatzung. Heißt es. Aber das stimmt wohl nicht, denn das (Herings-)Tonnenabschlagen gab es in Schweden schon, bevor die Könige aus der Dynastie der Wasas auf dem Darß das Sagen hatten. Eher stimmt die Deutung: Es ist ein altes Frühlingsfest, ein Messen der Kräfte und Geschicklichkeit nach einem langen Winter. Der Borner Tonnenbund wurde 1889 gegründet, damit ist er der traditionsreichste in der Region. Jetzt feiert er sein Fest im Sommer – die Touristen sollen ja auch etwas davon haben.

Zitrone des Nordens

„Iiiiih", schreit ein Mädchen und spuckt drei Sanddornbeeren aus. „Sind die sauer!" – „Ach was, Rosa", sagt die Mutter, „die sind doch sooooo gesund! " Als ob das ein Argument für die Achtjährige wäre. „Steffen, erkläre ihr doch mal, was diese Früchte alles können."
Steffen, Hobby-Biologe, hat das natürlich drauf. Trotzdem verkneift er sich 90 Prozent seiner Kenntnisse, sagt also nichts über Herkunft, Standorte, mögliche Wuchshöhe und so weiter, er erzählt was von Vitamin C, dessen Anteil in der Sanddornbeere viel höher sei als bei jeder anderen Frucht, und dass man aus den Beeren Marmelade, Säfte, Likör, Tees, ja sogar eine Creme macht, die Sonnenbrände lindern kann. „Es gibt auch Jagdwurst, Schmalz mit Sanddorn und ein leckeres Eis, da sind viele Sanddornbeeren drin." Nun gut. „Aber die Beeren lassen sich gar nicht richtig pflücken", murrt das Kind, „der Sanddorn sticht ja fürchterlich. Er kleckert auch. Mein schööönes Kleid!"
„Sanddorn hat Dornen …", nimmt die Belehrung ihren Fortgang. Der Vater kennt sich wirklich aus. „Zwei Methoden gibt es: Die dicht bewachsenen Zweige abschneiden und ins Frostfach legen, dann lassen sich die Beeren einfach abschütteln. So machen es die Züchter auf den Plantagen. Wir dürfen das natürlich nicht! Naturfreunde legen eine Plane unter den Busch und klopfen mit einem Knüppel achtsam auf diese Äste." Was er nicht weiß: Profis „melken" die Früchte an den Zweigen, sie ziehen dicke Gummihandschuhe an, quetschen die Beeren, die in dichten Trauben hängen, und der Saft fließt in die unter sie gehaltene Schüssel.

✶ Sanddorn kann bis zu sechs Meter hoch werden

* Drei Flaschen für vier Mann – passt schon

Polarweinbau, warum denn nicht?

Wein vom Fischland oder vom Darß? Möglich wär's schon, denn immerhin gibt es auf Usedom 99 Weinstöcke. 100 sind es nicht, denn sonst müsste die EU dazu ihren Segen spenden. Auf Sylt (wo der Wind noch stärker wehen kann) gibt es ein „richtiges" Weingut, also eines mit besagtem Segen. Doch auf FiDaZi hat sich noch kein Wagemutiger gefunden, auch an der Boddenkante nicht. Zumindest gibt es keinen Anbau, der mehr als ein Privatvergnügen ist und als Sonnengold in dunkle Flaschen kommt. Mecklenburger Landwein gibt es dennoch. Die Reben werden gehegt, gepflegt, ihr Traubensaft gekeltert und abgefüllt auf Schloss Rattey bei Anklam, und so weit ist das ja nicht weg. Doch wo kann man die seltenen Tropfen mal probeweise trinken? Einfach mal in den Top-Hotels zwischen Wustrow und Zingst nachfragen. Probieren und Staunen. Dieser „Polarwein" hat durchaus Klasse, Rasse.

Weinlesen macht nicht betrunkener als Büchertrinken belesener macht.

Elke Heidenreich

Wer genießen kann, trinkt keinen Wein mehr, sondern kostet Geheimnisse.

Salvador Dalí

✶ Ohne Salz ist das Leben nicht süß (Russisches Sprichwort)

Nichts geht ohne Salz

Menschen, die nichts von Küchenkunst verstehen, ist es gleich, was für ein Salz auf ihren Tisch und an die Speisen kommt. Salz ist für sie Salz, einfaches Natriumchlorid plus Jod, das kaufen sie, egal, was auf der Umverpackung steht. Was für Banausen, denkt der Koch und mustert sein Gewürzregal. Sorgfältig wählt er aus, dann streut er sparsam „Darßer Urwaldsalz" und mit ihm einen Hauch von Tannennadeln und Minze aufs Ragout vom Wildschwein oder Reh. Er nimmt es auch zu anderen Gerichten. Fischlandküche vom Feinsten. Fremdländisch ist hier nur der Rotwein, der bei einer solchen Gaumenfreude unverzichtbar ist. Den gibt's hier sicherlich in jedem guten Laden, genauso wie das „Urwaldsalz".

POMMERSCHER FISCHEINTOPF

Zutaten Frischer Fisch: Zander, Lachs, Dorsch. Wurzelgemüse: Möhren, Sellerie, Selleriestängel, Kartoffeln, Lorbeerblatt, Piment, Salz. Kräuter: Dill, Schnittlauch, Petersilie. Etwas Butter (keine Sahne!).

Zubereitung Die Fische säubern, filetieren. Kopf, Gräten etc. gründlich mit Piment, Salz und Lorbeerblatt auskochen, sodass ein Sud entsteht. Den Sud durchseihen, damit die Brühe klar wird. Den rohen, sorgfältig entgräteten Fisch in Portionsstücken mit den klein gewürfelten Kartoffeln und frischem Wurzelgemüse in den siedenden Sud legen und ziehen lassen (nicht kochen!). Kräuter (nicht zu fein gehackt) unterheben. Mit Landbrot servieren.

✶ Gedenkstein unter der Wossidlo-Linde in Körkwitz

Geschichte und Geschichten von der Küste

In Ribnitz-Damgarten und Prerow tragen Buchhandlungen, in Schwerin eine Straße seinen Namen und etliche Gymnasien in Mecklenburg-Vorpommern ebenso, und unter einer alten Linde in Körkwitz dicht am Saaler Bodden ist ein großer Findling nach ihm benannt. Aber wer kennt schon außerhalb dieses Bundeslandes Richard Wossidlo (1859–1939)? Der Nestor der Volkskunde in Deutschlands Nordosten hat Dutzende Bücher geschrieben. Lesen sollte man auf jeden Fall seine Sagensammlung, dazu „Reise, Quartier, in Gottesnaam! Das Seemannsleben auf den alten Segelschiffen …“ Erst dann begreift man, wenn man durch die Dörfer geht so recht, wo man hier ist. Und warum die „Fischköppe“ sind, wie sie sind.

Die Winterreise

Vier Jahreszeiten hat die Erde, doch nur in der zweiten kann man an die Ostsee reisen. So der Volksmund, der ja immer Recht haben soll. Das ist dreifach falsch. Vier Jahreszeiten gibt es nur auf drei Kontinenten, an die Ostsee kann und sollte man jederzeit reisen. Und der Volksmund? Nun ja … Oftmals trifft er wirklich zu, zum Beispiel, wenn er spricht: „Es gibt kein schlechtes Wetter, es gibt nur falsche Kleidung."

Im Sommer tummeln sich gefühlte hundert Millionen Touristen an den kilometerlangen Stränden, bevölkern noch das abgelegenste Café, drängeln sich an jeder Krambude, und Dickbäuche stehen vor jedem Kiosk herum. Aber wenn die Herbst- oder Frühjahrsstürme wehen und allemal im Winter? Da trennt sich die Spreu vom Weizen, da sind die Hartgesottenen unter sich. Die Eisbuden haben geschlossen, die eine oder andere schenkt nun Glühwein aus. Passt schon, sagt der Münchner, der den Weg hierher gefunden hat. Schietwetter stört ihn nicht.

Schietwetter ist auch in der kalten Jahreszeit nur, wenn Sturm und Regen in eins fallen. Dann freilich muss auch der Naturbursche in seiner Hütte bleiben – im Ferienhäuschen, im Zimmerchen seiner Pension oder in der Sauna seiner Wellnessherberge. Doch kaum biegen sich die Windflüchter nicht mehr, wird er alles stehen und liegen lassen. Raus an die Luft! Eissegler kurven auf dem Bodden um die Angler, die vor ihren Löchern hocken. Die Möwen, die im Sommer an den Stränden betteln, stehen auf einem Bein rings um sie her. Es könnte schließlich sein …, so werden sie wohl „denken".

✶ Winterstimmung vor dem Darßer Ort

Was gibt es Schöneres, als die weiten schneebestäubten Schilfgürtel und Dünen, den hohen blauen, grell besonnten, vom Sturm ganz blank gefegten Himmel, den menschenleeren Strand, die anrollenden Wellen. Kein Sand weht ins Gesicht. Kein Ausflugsdampfer naht mit Bumstara. Wandern an der Wasserkante. Kilometer um Kilometer – nur Natur. Der Spülsaum ist patschnass, er wird mit kalter Hand durchwühlt. Sieh da – ein kleiner Bernstein!

Eine Strandwanderung im Dezember, ein Gang durch den Darßwald, die Spuren der Rehe und Hirsche im Schnee … Die Hektik des Alltags bleibt hinterm Horizont. Friede. Innere Einkehr, und der Kopf wird frei. Man kann zur Besinnung kommen. Entspannung pur. Endlich. Nur ganz allmählich steigen Fragen auf. Das Jahr ist fast vorbei. Was ist mir gelungen? Wo habe ich gefehlt? Dieser und jener mag an den Liederzyklus „Die Winterreise" denken. Franz Schubert hat Wilhelm Müllers Text 1827 vertont. Zahllose Philosophen haben ihn interpretiert und mancher Künstler ausgedeutet. Viele sahen im Wort, im Ton nur Traurigkeit, Verzagen, Düsternis und Weltschmerz, Flucht aus der Zivilisation. Abwegig scheint das nicht. Aber da ist ja der Vers 22! *Fliegt der Schnee mir ins Gesicht, / Schüttl' ich ihn herunter. / Wenn mein Herz im Busen spricht, / Sing' ich hell und munter. / Höre nicht, was es mir sagt, / Habe keine Ohren / Fühle nicht, was es mir klagt, / Klagen ist für Toren. / Lustig in die Welt hinein / Gegen Wind und Wetter! / Will kein Gott auf Erden sein, / Sind wir selber Götter!*

Alles „Mähd in Tscheina“

Wenn ich einmal sterbe …

… begrabt mich unter Kunstgewerbe.“ Kein Problem. „Schönes“ dieser Sorte gibt es reichlich. In den großen Küstenorten allemal. Büdchen reiht sich an Bude, es gibt auch Läden voll mit „wunderbaren“ Andenken: Brettchen mit „sinnigen“ Sprüchen verziert, kunstlose Buddelschiffe, Netzkugeln, die echt ausschauen, allerdings kleiner sind. Tässchen mit Pseudobernstein verziert, aus Blech gebogene Kraniche, Seeigel und -pferdchen, Leuchttürme aus Plastik. Tausend Grüße von der Ostsee – alles „Mähd in Tscheina“. Die Phantasie kennt keine Grenzen, hier herrscht der Überfluss im Überfluss. Dankbare Urlauber gibt es zuhauf, die sich freuen, für ihre „Gute Stube“ oder einen lieben Menschen daheim, ein „originelles Souvenir“ zu erwerben.

Touris Lieblingsspeise

„An der Ostseeküste, am norddeutschen Strand, sind die Fische im Wasser und selten an Land.“ Das Lied singt sich so schön, vor allem kann man da mal so richtig schunkeln und sich zwischendurch einen Schluck Störtebeker-Bier und einen Köhm gönnen. Aber der Text stimmt nicht. Der anonyme Liedermacher (oder war das eine Frau?) hat die Fischbrötchen vergessen. Die gibt's ja fast an jeder Ecke. Ob jungfräulicher Hering, also Matjes, oder überjährigen und den gebraten oder sauer eingelegt, also so zubereitet wie ihn der Reichskanzler Otto von Bismarck angeblich liebte: Alles das geht nur so weg. Und es muss ja nicht nur Hering sein. Lachsbrötchen, solche mit Aal und Krabben gibt es schließlich auch. Flotte Hände schneiden Brötchen, packen das Gewünschte rein, Salatblatt und Zwiebel, drei Scheibchen Gurke obenauf gelegt, zugeklappt und dann – „Guten Appetit!“

Fischl

and

Ein Stall wie dieser gehörte einst zu jedem Bauernhof

Erntekronen im Hallenhaus

Vor vielleicht 150 Jahren hämmerte ein Dorfschmied irgendwo im Mecklenburgischen ein Karusselchen zusammen. Der Gutsherr hatte es bestellt und als Dank für die Mitarbeit der Kinder bei der Ernte mitten im Ort aufstellen lassen. Sonntags, nach dem Kirchgang, durften sie das nutzen.

Das Spielgerät, verrostet und recht abgeliebt, funktioniert noch immer und ist nun eine kleine Attraktion im Freilichtmuseum Klockenhagen, auf ihm drehen sich fröhliche Kinder im Kreis. Ihre Eltern wissen sie da gut aufgehoben und gehen weiter durchs Gelände. Sie klettern auf die Windmühle und erfahren da, wie einst gemahlen wurde, schauen in die Stellmacherei, betrachten Ackergeräte aus dem 19. Jahrhundert. Auf der Diele eines Niederdeutschen Hallenhauses aus dem 17. Jahrhundert bewundern sie Erntekronen. Die sind bei Weitem nicht so alt. Der Bauernverband Nordpommern veranstaltet alljährlich einen Wettbewerb.

Es gibt noch mehr zu bestaunen. Zum Beispiel das erste Fahrrad, das den Weg ins Mecklenburgische fand, und dazu all die anderen Drahtesel, die danach mit „Gesundheitslenker“ und Karbidlampe hier Einzug hielten. Karbid gab's nebenan im Dorfladen. Die Waren dort genauer zu betrachten, das macht schon Freude, doch manche geben Rätsel auf. Wozu hat man das gebraucht? Nostalgie? Das auch. Doch zurück in diese „Idylle“? Nein, das will wohl keiner. Aber die Begegnung mit ihr wird geschätzt! In das Museum geht man gern mit seinen Kindern. Sechs Hektar Gelände mit historischen Gebäuden aus drei Jahrhunderten der Kulturgeschichte des Landes.

Dorfschulzimmer anno 1930

Und alle wollen in die Museumsbäckerei. Rauch quillt aus dem Steinofen. Der Meister hantiert am offenen Feuer. Frischer Kuchen. Warmes Brot mit einem leichten Geschmack von altem Buchenholz. Natursauerteig … „Gleich essen?“ – „Klar, und etwas mitnehmen!“

Mecklenburger Wettersprüche

Wenn die Gänse stehen auf einem Fuß,
dann kommt gewiss ein Regenguss.

Siehst du fremde Wandervögel,
wird es kalt in aller Regel.

Streicheln, Kutschieren, Reiten …

„Esel sind nicht dumm, sondern sogar ganz schön schlau. Man muss sich schon durchsetzen können, sonst geht nichts. Es ist wie bei den Kindern." Tierpflegerin Anke vom Eselshof I-AAH in Klockenhagen lacht. Gegenüber in der Sattelhalle hinter einem der Gehege, in denen die größte Eselherde Mecklenburg-Vorpommerns (40 Tiere!) zu Hause ist, wird eben ein kleines Grautier vorbereitet für einen Rundgang mit einem vierjährigen Jungen. Der schaut unsicher aus. Der Esel nicht, er freut sich immer, wenn er gut zu tun hat. Am liebsten ist ihm das Eselwandern, da darf er meist einen ganzen Tag mit einer Urlauber-Familie spazieren gehen.

Futterpause vor dem nächsten Rundgang

Ein Kröterich schielt nach der Libelle

Dicht am Wege stehen Erlen, vor allem Birken, kräftige Bäume, jung und nicht sehr hoch. Unter ihnen wachsen Pilze. Einer ist schöner als der andere. Also nichts wie hin, das Messerchen gezückt … Bloß nicht! Bäumchen und Pilze stehen auf dem schwankenden Boden des Ribnitzer Großen Moors. Wer hier vom vorgeschriebenen Exkursionsweg abweicht, riskiert sein Leben. Das ist nicht übertrieben. Überall glitzern Tümpelchen, dünne Gräser decken abgrundtiefen Morast. Ab und an kommt eine größere Wasserfläche, die entstand durch den Torfabbau, der hier noch bis vor etwa 50 Jahren betrieben wurde.

Der Rundweg ist befestigt, mehrfach geht es über holprige Knüppelpfade, unter ihnen gluckert Wasser … „Oh, schaurig ist's übers Moor zu gehen …“ Nicht doch! Das Wandern im mit rund 274 Hektar größten Regenmoor Mecklenburg-Vorpommerns lohnt. Hier ist die Heimat von heute seltenen Pflanzen und Tierarten. Je nach Jahreszeit kann man Sonnentau bewundern, Moosbeeren sehen, hohes Wollgras streicheln, Schmetterlinge, Eidechsen, Libellen und gewaltige Kröten beobachten, manchmal einen Fuchs, größere Tiere trägt der Boden nicht. Am Weg stehen etwa 30 Holztafeln, auf denen wird erläutert, was des Wissens wert ist. Besser ist es aber, sich einer naturkundlichen Führung anzuvertrauen. Die Ranger vom Informationszentrum „Wald und Moor“ in Neuheide führen nicht nur sicher über den 7,5 Kilometer langen Parcours, sie wissen Interessantes zu berichten und sie weisen auf vieles hin, was man im Alleingang gar nicht sehen würde.

✶ Trügerische Wiese – wer sie betritt, versinkt im Moor

✶ Kaiserwetter für den Ostseemarathon

Dabei sein ist alles

Ins Ostseewasser im Oktober? Brrrhhh. 10 Grad! Aber mitmachen beim Ostseemarathon? Warum nicht? Da laufen nicht nur Profis, die alle acht Runden auf der 5,22 Kilometer langen Strecke zwischen Strand und Moor packen würden, aber hier nur die erste und vielleicht die fünfte wirklich laufen. Es ist ein Staffellauf, da siegen Teams. Es gibt Paar- und Familienstaffeln, Spaß- und Jedermann-Staffeln, also viele Chancen für die Freizeitsportler. Dabei sein ist alles! Und allen macht es Spaß. Das „Mitläufertum" wie das Anfeuern. Zeiten? Eine Runde 30 Minuten? Okay. Jeweils acht Enthusiasten zusammen 2:31.53 – da gehört das Team schon zu den Siegern.

Rundblick über Land und Meer

Kirchen dicht an der Küste sind Landmarken. Ihre Türme bieten den Seeleuten Anhaltspunkte, sie peilen sie an und wissen so, wo sie sich auf dem Meer befinden. Das Wustrower Gotteshaus ist zwar nicht besonders hoch, aber es steht auf einem Hügel. Den hat weder die Natur geschaffen, noch der Mensch. Wer also dann? Es heißt, Swantewit, der wichtigste Gott der Slawen, kam in einer Nacht vor vielen tausend Jahren auf seinem Schimmel hier vorbeigeritten, hat in einer gewaltigen Kraftanstrengung den Hügel aufgeschüttet und sein Heiligtum errichtet. Zugleich gab er der kleinen Siedlung den Namen „Wostrow“, das heißt

Blick vom Turm der Fischlandkirche über den Saaler Bodden

auf Deutsch Insel. Da Swante heilig bedeutet, handelt es sich bei Wustrow also um die „Insel des Heiligen". Insel? Ja, denn es gab einst und noch bis in die frühe Neuzeit zwischen dem Bodden und der Ostsee eine Durchfahrt.

Als die Slawen im 13. Jahrhundert vor den Zwängen der Christianisierung geflohen waren, entstand auf den Trümmern ihres Heiligtums eine einfache, recht niedrige Feldsteinkirche, die genügte den Fischländern bis 1869. Dann musste eine neue her, und die sollte den Ansprüchen der Seefahrt genügen. Das heißt, ganz wichtig war der Turm. 1873 war es so weit. Der Großherzog von Mecklenburg griff tief in seine Schatulle. Der Turm erhielt in 18 Metern Höhe eine umlaufende Plattform, damit die an seiner „Seefahrtschule" lernenden Steuerleute mit freiem Blick das Navigieren üben konnten. Zum Beispiel um zwölf Uhr mittags die Höhe der Sonne mit dem Sextanten „schießen". Da konnten sie mithilfe der Sonnenstandstabelle berechnen, auf welcher Breite sie sich befanden. Das wussten sie natürlich längst, aber sei's drum. Heute genießen Wustrows Gäste die Aussicht über den Bodden, über Land und Meer und im Sommer im schlichten Innenraum des Gotteshauses die Konzerte namhafter Solisten und Chöre.

✶ Das „Moby Dick“ in Greenport/USA? Nein, das in Wustrow.

Blick in einen Whaler

Unverwechselbar ist hier nichts. Das soll auch so sein. Das Interieur im „Moby Dick“ an der Seebrücke in Wustrow entspricht dem der Traditionslokale in Greenport auf Long Island vor New York. Man wähnt sich auf einen Whaler versetzt, also auf ein Walfangschiff des 19. Jahrhunderts, und an das amerikanische Nationalepos „Moby Dick oder Die Jagd nach dem weißen Wal“ von Hermann Melville erinnert. Viel Holz, gedrechselte Säulen, breite Backs in angeschnittenen Kajüten, alles aus bestem Holz. Von den Decken hängen Tampen und Laternen, und – das fällt sofort ins Auge – auf den Borden stehen Scrimshaws. Was ist das? Eine besondere Art der seemännischen Kunst. Die Matrosen auf den Walfangschiffen schnitzten, wenn die Jagd auf den Leviathan der Meere erfolgreich war, in Pottwalzähne oder -rippen, was sie durchlebt hatten. Zunächst einmal ihr Schiff unter Segeln, dann die Boote, aus denen heraus sie sich dem Kampf gestellt hatten, manchmal erscheint im Bild der Kapitän und sogar seine Frau. Und dann natürlich der Weißkopfseeadler, das Wappentier der USA. Was man im „Moby Dick" sieht, sind Repliken, aber jedes Stück ist sauber gearbeitet, zusammen schaffen sie hier eine (fast) authentische Atmosphäre.

Und was gibt's auf diesem „Whaler" so zu trinken und zu essen? Whisky und – Köstritzer Schwarzes, Pancake á la Juh Es Äh, Steaks, Salate und natürlich Fisch. Fisch, Fisch … Wal natürlich nicht, denn das größte Tier des Meeres ist kein Fisch, sondern ein Säugetier. Und außerdem: Die gewerbsmäßige Jagd auf Wale ist lange schon verboten. Das ist auch gut so.

Scrimshaws in der „Guten Stube"

✶ Räucheröfen – Ausgangspunkt verführerischer Düfte

Mittags am Hafen

Dass es mittags etwas Leckeres geben wird, riecht man schon am Vormittag. Heller Rauch steigt auf. Er weht über den Wustrower Hafen und die nähere Umgebung. Hier wird heftig geräuchert. Was? Natürlich Fische! Lange vor dem Mittag stehen die Urlauber Schlange vor den Öfen. Die werden pünktlich 12 Uhr geöffnet. Was für ein Duft! Verführerisch. Wer die Wahl hat … Aal oder Hering? Oder mal Forelle? Nein, die hat's ja auch zu Hause. Lachs? Der Butterfisch macht das Rennen. Und alle diese Außenbordskameraden kommen aus der Ostsee? „Die wenigsten!", sagt der Räucherchef. „Der Atlantik ist groß, der Pazifik noch größer."

✶ Nicht gestrandet, sondern für ein zweites Leben aufgelegt

Auf dem Trockenen, nicht trocken

An Bord schmeckt's am besten. Behaupten Seeleute. Aber es gibt ja nicht nur sie. Dennoch: Von jeder Kombüse gehen Verlockungen aus, selbst wenn das Schiff auf dem Trocknen liegt. Die „Stinne", 1919 als Küstenschoner gebaut, ruht schon seit 1993 auf ihrem letzten Ankerplatz am Wustrower Hafen. In ihrem ehemaligen Laderaum befindet sich ein Restaurant. Dass es da Fischgerichte gibt, versteht sich. Brathering, Scholle und so weiter wollen natürlich runtergespült werden. Mit geele Kööm, He lopt! An der Bar kann man sich an einem Tampen festhalten. Und dann ab in die Koje (die leider stets nur ein normales Hotelbett ist), denn übernachten kann man auf der „Stinne" auch.

Erinnerung an einen Gott

Swantewit … Swantewit … Welch schöner Klang, welch edler Name. Wenn „Mann" die Augen schließt, sieht er ein Mädchen, schlank, hochgewachsen, meerblaue Augen, und seine blonden Haare wehen im Sommerwind. Er irrt. Swantewit war ein Gott der Slawen, die auf Rügen, auch auf dem Darß und dem Fischland bis in die Mitte des 12. Jahrhunderts siedelten. Dann sollten sie christianisiert werden. Mit Gewalt. Sie zogen es vor, nach Osten abzuziehen. Ihre Kultstätten wurden zerstört. An den Gott mit den vier verschiedenen Gesichtern erinnert eine moderne Stehle vor einem beliebten Lokal an der Wustrower Seebrücke, das seinen Namen trägt.

Ein Lied für Swantewit

Am Endpunkt manchen Lebenslaufs

Von diesem Friedhof geht eine Faszination aus, der man sich schwer entziehen kann. Ein Teil von ihm gleicht einem lichten Park. Unter den Bäumen ragen auf magerer Wiese, wie zufällig dorthin gestreut, Grabkreuze auf. Alle sind ausgeblichen im Laufe von zwei Jahrhunderten, fast jede Inschrift ist verwittert, kaum mehr zu entziffern. Kapitäne, Fischer, Matrosen und Lehrer der Seefahrtsschule liegen hier vereint mit „Landratten", die nie auf einer Planke standen. Die Grabhügel sind schon lange eingeebnet. Aber die Kreuze sind geblieben. Die Wustrower Gemeinde beweist hier eine Ehrfurcht vor dem Erbe, die selten und in den großen Städten kaum mehr anzutreffen ist. Für die Toten unserer Tage wurde seitwärts anderweitig Platz geschaffen.

✶ Auf dem Fischlandfriedhof in Wustrow

✶ Kitesurfen – dazu braucht es Mut und Kraft

Für junge und jung gebliebene Wasserfans

Waikikistrand. In meterhohen Wellen surfen Akrobaten. Das gibt es nicht vor Wustrow oder Prerow; wenn es hier stürmt, weht die rote Fahne. Raus aus dem Wasser! Macht nix. Es gibt hundert andere, ruhige Tage und die Gelegenheit, bei den einschlägigen Schulen an der Küste den VDWS-Grundschein für Surfen, Kiten, Stand-Up-Paddeln usw. zu machen. Also Kurse für Einsteiger und für Fortgeschrittene. Leute, die es draufhaben, bringen angehenden Sportskanonen alles bei, vom Umgang mit dem Material bis zum Front-Loop, also dem Sprung über eine Welle, wenn's geht mit einem Salto in der Luft. Mit diesem „Kunststück" kann man sich dann wirklich sehen lassen. Vor Waikiki.

Wustrow, Kapitäne, Steuerleute …

Glaubt jemand den Satz: „Etwa zehn Jahre lang war die DDR die größte Seefahrernation Europas.“? Da gibt es nichts zu glauben. Keine Reederei des Kontinents war mit so vielen Handelsschiffen auf den Weltmeeren unterwegs. 217 „Pötte“ der Seereederei Rostock liefen über hundert Länder an; die 200 Fischereifahrzeuge sind nicht mitgerechnet. Zählte man um 1975 die Schiffe aus den Reedereien in Hamburg, Lübeck, Bremerhaven, Kiel etc. zusammen, so kam man freilich auf ein paar hundert mehr. Nur: Wer

Die ehemalige Seefahrtschule in Wustrow

von denen zeigte noch das Schwarz-Rot-Gold? Achtern wehten meist die Billig-Flaggen von Liberia oder die der Bahamas.
Also 217 Pötte! Für diese Armada wurden Kapitäne, Steuermänner und Seefunkoffiziere gebraucht, die mussten erst mal ausgebildet werden. Die Basis dafür war zum Glück vorhanden, denn in Wustrow gab es seit 1846 die „Erste staatliche Navigationsschule Mecklenburgs". Bis 1945 hatten hier fast 5.000 Männer ein nautisches Patent erworben, davon fast 2.000 das als Kapitän auf Großer Fahrt. Seeleute vom Fischland waren gefragt bei allen Reedereien Europas und in Übersee. Und dennoch war der neue Anfang schwer …
1989: Die Bilanz nach über 40 Jahren Arbeit konnte sich sehen lassen: Fast 9.000 Seeleute hatten in Wustrow ein Schiffspatent erworben. Was ist davon geblieben? 1992 wurde die Hochschule geschlossen, die 95 Lehrer in die Arbeitslosigkeit entlassen. Wie viele ihrer Absolventen heute noch zur See fahren, weiß man nicht. An die 146 Jahre der „Seemannsschmiede", die in ihren letzten Jahren Hochschule mit Promotionsrecht war, erinnert der große, immer wieder erweiterte Bau am westlichen Ortseingang. Das Ende einer großen Tradition … Vandalen drangen ins Gebäude ein, alles verfiel zu einer traurig stimmenden Ruine. Erst 2017 hat sich ein Investor gefunden. Er baut aus und um. 2019 sollen die ersten Besitzer der neuen Ferienwohnungen einziehen.

✶ Krimi-Queen Corinna Kastner und ihre Fans

Mord und Totschlag

Jede Region, ja beinahe jede Stadt hat heute ihre Bildschirm-Schauerreihe, die Untaten aller Art mörderisch in Szene setzt. Krimis sind „in". Auf den 200 Kanälen, die man so empfangen kann, gibt es im Durchschnitt täglich etwa tausend Morde anschaulich zu sehen. Theaterblut strömt Hektoliterweise, Todesschreie hallen durch den Plattenbau. Da können die Schriftsteller nicht nachstehen. Bei einer solchen Konkurrenz muss auf dem Buchmarkt gegen gehalten und kräftig regionalisiert werden! Also hat auch hier fast jedes Dorf und jedes Städtchen seinen „Ermittler", das heißt, da wir politisch korrekt sein müssen, natürlich zwei: eine Frau und einen Mann. Soweit, so schlecht, gelegentlich auch gut. Also die „Fischlandkrimis": Corinna Kastner hat schon ein halbes Dutzend vorgelegt: Fischland-Rache, -Verrat, -Feuer, und -Mord. Natürlich hat sie auch Bodden-Krimis im Angebot, die heißen dann zum Beispiel Bodden-Tod. Zu den Schreibern zählen auch Eberhard Kreye (Messerscharf – Kriminalgeschichten vom Darß) und Rudi Czerwenka (Die Hexe vom Fischland). Kunst geht nach Brot. Ist das verwerflich? Ach wo. Erfolgreich sind sie alle, am erfolgreichsten aber ist Corinna Kastner. Sie schreibt nicht nur Regio-Krimis, ihre Mystery-Bücher reichen von Kroatien bis nach Guernsey. Und sie hat das Talent, ihre Leser direkt anzuziehen. Wenn sie in Wustrow einen Krimirundgang ankündigt, versammeln sich schon mal hundert Leute (zumeist Leserinnen), um sich durch den Ort führen zu lassen. „Aha, das also ist das Haus, in dem der Mörder wohnte!" Schauer laufen die Rücken hinab. Nicht weil es kalt ist! Fantasie ist alles.

Legendenumwoben – die „Fischerwiege“ in Wustrow

Heimat von Romanfiguren

Für viele ist das rote Eckhaus am Fuße der Fischlandkirche das schönste in Wustrow. Ja, es ist schön, aber das Schönste unter allen? Es soll zudem das älteste sein. Das darf bezweifelt werden. Was soll's … Eines stimmt gewiss: Kein anderes Haus im Ort wird öfter fotografiert. Die „Fischerwiege“ heißt so, weil sie im gleichnamigen Roman von Carl von Bremen (1905–1941) eine Rolle spielt und weil ein Bild über ihrer Tür einen Kutter zeigt. Der kam vor langer Zeit aus Schweden und war hier gestrandet, die Seeleute fanden im Haus Aufnahme. Deshalb nennen es die ganz alten Wustrower auch Schwedenhaus.

Nachwuchs für Piraten

Merkwürdig ist sie schon, die maßlose Verehrung der Piraten. Warum ist das so? Ein lustiges Säbeln und Köpfespalten, Zündeln, Morden und Rauben verkauft sich gut, egal ob Spielzeugladen, Kino oder Karneval. Wenn das schon im Binnenland ein Dauerbrenner ist, dann an der Küste allemal. Also kein Spielplatz ohne Piratenschiff! Mit Totenkopfflagge im Top oder groß am Schanzkleid. Ein paar bunte Sachen angezogen, Augenklappe angelegt, und auf geht's mit Gebrüll. Die Holzschwerter knallen aufeinander. Pieken sind verboten. Schlagt sie tot, die Kaufleute, die Pfeffersäcke! Oder einfach: Tötet Jedermann. Am Rand sitzt eine Spielverderberin. Oma hält Emil zurück: „Du weißt doch, Mutti will nicht, dass du Krieg spielst."

Klare Ansage: Schwerter raus und keine Gnade!

Kunst statt Korn und Kuh

Auch auf dem Fischland wurde die Größe einer bäuerlichen Wirtschaft einst in Hufen angegeben. Über die Hufe IV in Barnsdorf auf der Halbinsel südlich von Wustrow ist damit nicht viel gesagt, aber klein war sie offenbar nicht. Das kann man aus der Größe der Scheune schließen, die dicht am Saaler Bodden steht. Ihre Schönheit hätte das mächtige Gebäude mit dem klassischen Rohrdach freilich nicht vor dem Verfall geschützt, wenn Kapitän Peter Eymael sich seiner nicht bereits 1982 angenommen hätte. In Eigenregie, mit viel handwerklichem Geschick und – mit der Unterstützung namhafter Künstler. Einer von ihnen war der Rostocker Bildhauer Jo Jastram (1928–2011).

Seit 1986 steht die große Durchfahrt der Scheune offen für die Kunst von Zeitgenossen und – das vor allem – für die Besucher, die tagtäglich kommen. Das Baudenkmal bietet den idealen Raum für die Präsentation von Malerei, Skulptur, Keramik und Schmuck. Zwischen den originalen, fachkundig restaurierten Balken, die den größten Raum der Scheune teilen und das Rohrdach stützen, sind Stellwände gezogen; so ergibt sich ein anregender Kontrast, zumal die Gemälde, Grafiken, gelegentlich auch Fotografien, großzügig platziert sind. Der ehemalige Hühnerstall enthält Vitrinen für die Kreationen der Schmuckgestalter. Es bleibt auch Raum für Plastiken, die größeren unter ihnen haben ihren Platz vor den Blumenbeeten im Bauerngarten. Es sind zumeist Leihgaben, zum Teil für eine längere Zeit, aber kaufen kann man auch hier. Und im Garten zwischen Rosen, Malven und Kohlgemüse sitzen. Kunst- und Naturgenuss pur.

★ Junge Kunst bringt Leben in die alte Scheune

Darß

✶ Grenzgänger zwischen Mecklenburg und Pommern

Stierkopf und roter Adler wehen im Seewind

Die deutsche Kleinstaaterei … Dass sie noch immer nicht überwunden ist, weiß man, sie war aber schon einmal viel schlimmer und nicht mit dem Humor zu nehmen, der sich heute empfiehlt. Dort, wo in Ahrenshoop von der Dorfstraße aus der Grenzweg leicht ansteigend zur Küste führt, war tatsächlich eine Grenze. Auf jeder Seite wehte eine stolze Flagge. Links die des Herzogtums Mecklenburg und rechts die des preußischen Pommern, und es gab natürlich Soldaten und Zöllner. Die Mecklenburger passten auf, dass ihre Jungs nicht preußischen Werbern in die Fänge liefen und die Preußen, dass der gute Weizenbrand „von drüben" ordentlich verzollt wurde.

Das heutige Ahrenshoop war also geteilt. Die Leute aus Altenhagen und Niehagen, den beiden Dörfern westlich von Ahrenshoop, die nun schon länger eingemeindet sind, haben das alles nicht sehr ernst genommen. Da das preußische Pommern ja auch zeitweilig zu Schweden gehörte, zogen Leute vom Fischland nach Ahrenshoop, um die Vergünstigungen mitzunehmen, die die schwedische Flagge der Schifffahrt bot. Man heiratete auch untereinander, mit allen Folgen, die das mit sich bringt. Dennoch: Der „Nationalstolz" blieb erhalten. Die Touristen, die heute scharenweise auf dem Grenzweg laufen, sehen: Links weht die alte Landesfahne mit dem mecklenburgischen Stierkopf und rechts die pommersche mit dem roten Adler. Wer Einheimische reden hört, bemerkt, hier werden zweierlei Dialekte kultiviert. Na, so was.

✶ Nachtflug der Kraniche

Die Natur Natur sein lassen

Am Himmel dreht ein Abendsegler seine Runden, so lautlos wie die artverwandte Rauhautfledermaus. Nur 50 Meter vor dem Ufer spielen junge Kegelrobben, ein Seeadler späht im Dämmerlicht noch einmal kurz nach Beute aus … Wo kann man diese Tiere noch in Freiheit sehen? Im Nationalpark Vorpommersche Boddenlandschaft. Er ist der bekannteste im deutschen Küstenland und steht in internationalen Rankings seit Jahren an der Spitze. Vielleicht auch, weil zu ihm der Darßwald zählt und weil der Strand vor ihm nur zu Fuß erreichbar ist, also selten überlaufen. Zu später Stunde sieht man hier kaum einen Menschen. Man kann allein sein mit dem Meer, dem Himmel und seinen

Gedanken. Der deutsch-französische Fernsehsender ARTE kürte diese wenigen Kilometer Küste zu einem der zehn schönsten Strände der Welt. Das will schon etwas heißen!
Im Wald, am Strand wird konsequent das Nationalpark-Motto umgesetzt: Die Natur Natur sein lassen. Hier wird kein Baum gefällt, hier peitscht kein Schuss, das Wummern der Maschinen, die weit entfernt Buhnen in den Meeresboden rammen, hört man nicht. Schutzzone 1, das heißt: Hier greift der Mensch nicht ein. Der Wanderer, der sich spät am Tag ans Ufer setzt, wähnt sich in einer unbestimmten Zeit. Was er jetzt um sich sehen kann, sah schon vor hunderten von Jahren genauso aus. Der Mensch braucht die Natur, doch die Natur braucht keine Menschen. Die Zeit steht still. Der Darßer Ort scheint aus der Welt gefallen.
Nur 50 Prozent des Nationalparks sind Festland. 25 Prozent seiner 78.600 Hektar gehören zur offenen Ostsee, die Grenze bildet hier die Zehn-Meter-Tiefenlinie, die restlichen Prozente sind Boddengewässer, also Flachwassergebiete mit schwankendem Salzgehalt. Diese Brackwasser bilden den Lebensraum einer Flora und Fauna, die kaum ihresgleichen hat. Hier, wie in den Seebuchten östlich des Darßer Orts laichen seit Jahrtausenden die Heringe, und ebenso lange kommen Kegelrobben, Seehunde, Fischotter und kleine Schweinswale hierher, um sich satt zu fressen. Mit etwas Glück und einem Fernglas kann man sie beobachten. Die Fischer, es gibt noch etwa hundert im Bereich des Nationalparks, sind kaum erfreut über diese Konkurrenz, aber der Schutzzone 1 dürfen sie sich nicht nähern. Dass sie dennoch aktiv sind, sieht man an den Stellnetzen, die weit in die Bodden reichen. Da wird also der Fisch gefangen, der auf den regionalen

Märkten angeboten wird. Hauptsächlich sind das Zander, Hecht und Barsch, aber es gibt noch weitere Arten.
Fische kann man kaum sehen, andere Tiere aber umso besser. Von den vielen Vogelarten, die im Nationalpark brüten, nisten, leben, überwintern oder durchziehen, ist der Kranich Besuchermagnet Nummer 1, dann folgt das Rotwild im Darßwald.
Bei aller Schönheit, es gibt auch Probleme. Die Gewässerverschmutzung in den Bodden ist bedenklich. Die umliegenden Felder sind oft überdüngt, das führt zu einem hohen Nährstoffeintrag, Wassertrübung … Im Bodden baden ist nicht an jedem Ufer ein Genuss. Aber da sind ja die weiten Ostseestrände. Da macht das Baden Spaß, vor allem denen, die abgehärtet sind.

Komme uns keiner und sage, das haben wir nicht gewusst

✶ Einsam und standhaft wider jedes Wetter

Widerständig im Sturmgebraus

Sie stehen auf dem hohen Ufer, unmittelbar an der Küste, auf sandigem Boden. Zum Wasser sind es oft nur wenige Meter. Sie heißen Windflüchter. Warum tragen sie diesen Namen? Die schönen Bäume, die Kiefern, die Birken und Eschen sind keine Flüchter! Sie wehren sich. Sie ergeben sich nicht. Der Sturm peitscht und drückt ihre Äste und Zweige landwärts, beugt ihre ganze Gestalt. Sie stehen windschnittig da. Wenn sie etwas zu Fall bringt, dann ist es die See, die am Land nagt, das Ufer abträgt und ihre Wurzeln unterspült. Was wäre der Weststrand vor dem Darßer Ort ohne diese stolzen Symbole des Widerstands.

Kunst im Freien: der Pegasus vor der Strandhalle Ahrenshoop

Künstlerin, die noch im 19. Jahrhundert Ahrenshoop erreichte und die „Küste im Morgenlicht“ malte, dieses Bild zu sehen. Man kann schauen, Natur und Widerspiegelung vergleichen und sich einfühlen. Einen Kulturpfad gibt es auch in Wustrow. In Zingst gilt er der Fotografie.

Etwas ist in den letzten Jahren dazugekommen: Die Förderung des Laienschaffens beschränkt sich nicht mehr auf die „Insulaner“, die Urlauber werden einbezogen. Workshop, das englische Wort für Werkstatt, Seminar oder Arbeitsgruppe, hat es längst in den Duden geschafft. In der deutschen Praxis geht zumeist ein Wort voran, das darauf hinweist, was konkret gemeint ist. Auf dem Darß wird weniger gehämmert und gebastelt. Die von Kunstpädagogen geleiteten Workshops gelten meist dem Pastell- oder Acrylmalen. Es gibt in allen „Badeorten“ Angebote für Anfänger, also Kreativ-Workshops. Die Nachfrage ist groß, denn die Küstenlandschaft, der Darßwald, die alten Eichen auf den Boddenwiesen regen immer wieder dazu an, den Fotoapparat beiseitezulegen, seinen persönlichen Eindruck festzuhalten, sich auszuprobieren und etwas Eigenes, Unverwechselbares zu gestalten. Kurz, das zu machen, was man schon immer machen wollte, zu dem man bislang nie die Zeit, die Muse hatte. Hin und wieder gibt es Ausstellungen der „Laienkunst“. Was da zu sehen ist muss sich oftmals nicht verstecken hinter Werken, die von arrivierten Künstlern geschaffen wurden.

Kunst in der „Polarstation“

Ahrenshoop hat eine lange künstlerische Tradition. Die Maler, Grafiker, Keramiker und Bildhauer wohnten und wohnen noch immer mit Vorliebe in rohrgedeckten Fischerhäusern, mit Gärtchen vor der Tür, Geranien in den Fenstern. Bunt angestrichen soll es möglichst sein, und wenn sich ein besonders Arrivierter hier ein neues Haus baut, dann auch in diesem Stil.

Das im fast „Niemandsland“ an der Straße zwischen Altenhagen und dem westlichen Ortseingang von Ahrenshoop 2013 neu errichtete Museum, in dem die rund 125 Jahre lange Kunstgeschichte des Ortes mit seinen eingemeindeten Teilen anschaulich präsentiert wird (800 Werke!), schaut auf den ersten Blick befremdlich aus. Es ähnelt einer Südpolarstation. Ein Zufall ist das nicht. Es sollte nun mal etwas Anderes als das Hergekommene sein, etwas Avantgardistisches, ein Bau modernster Architektur, aber dennoch dem, der sich damit beschäftigen würde, Verbindungen zwischen Tradition, regionalem Bauen und großstädtisch-globalisierter Moderne zeigen. Ist das geglückt? Ist das modern oder vielmehr modernistisch, also übertrieben, aufgesetzt und „hingekünstelt“? Da gehen die Meinungen auseinander. Im Mainstreammediendeutsch heißt das: Die Sache ist „umstritten“. Doch was will das schon heißen? Was ist denn heute nicht umstritten? Das änderte sich auch nicht, als es für diesen fensterlosen Bau zahlreiche Architekturpreise gab.

Tradition und Moderne … Es handelt sich – wenn man aus einem größeren Abstand genau hinschaut – um ein Ensemble von fünf Häusern, die ähnlich einem norddeutschen Gehöft inein-

✶ Seit 2013 in Ahrenshoop: das Kunstmuseum

ander verschachtelt sind. Die Metallfassaden vor den Einraumkörpern aus Stahlbeton reagieren – wie die alten schilfgedeckten Häuser – auf Witterung und Jahreszeiten und erscheinen so im jeweiligen besonderen Licht. Alle Innenräume werden schattenfrei durch horizontale Oberlichter in den Dächern ausgeleuchtet. In diesem Museum muss sich kein Besucher mehr verrenken, um ein Gemälde, eine Grafik hinter Glas ohne Spiegelungen zu betrachten. Wer wird das nicht anerkennen.

Wer die Besucher in den Blick nimmt sieht, die anfangs skeptischen Gesichter hellen sich allmählich auf. Der Bau? Man hat sich auch an den Hotelklotz am östlichen Ortsausgang gewöhnt. Betonkult wie er überall in Mode ist. Da scheint es doch nur konsequent, auch dem westlichen Ortseingang eine ungewohnte Dominante zu verschaffen. „Jede Zeit hat das Recht, sich ihr entsprechende architektonische Denkmale zu setzen“, bemerkt ein Mann. So ist es.

* Jahr für Jahr gibt's Neuigkeiten von der kleinen Seenadel

Pilgerort für Bücherwürmer

Was ist ein Mückenschwein? Ein Tier? Ein besonders unverschämtes Insekt? Eine Mutation der Spezies Nematocera, von der es hier von Zeit zu Zeit nur allzu viele gibt? Vielleicht. Sicher ist nur, so heißt ein Verlag in Stralsund und den kann man mit seinen Produkten auf der größten Buchmesse Mecklenburg-Vorpommerns treffen. Die findet alljährlich Anfang Oktober in Ahrenshoop statt. In der Regel kommen da so fünfundzwanzig Verlage zusammen, und eines eint sie alle: Sie produzieren Druckerzeugnisse mit regionalem, ja oft mit lokalem

Bezug. Vor allem sind es anspruchsvolle Bücher. Vieles erscheint auf handgeschöpftem Papier, das keine Allerweltsfarben tragen muss, sondern nur höchst individuell gemischte. Holzschnitte kommen vor und andere Druckverfahren, die lange aus der „Mode“ sind. Spätestens da weiß man dann, die Auflagen sind klein, es handelt sich bei diesen Büchern oft um Raritäten. Soweit die Form. Der Inhalt in den Büchern, Lyrikbändchen, Blättern aber erst! Da gibt es unter anderem Fotobände, deren Bilder aus einer Camera obscura stammen, wie sie schon Leonardo da Vinci genutzt hat. Und auch besonders edel gestaltete Bücher zum Thema Meer und Seefahrt. Das geht natürlich nicht ohne Hermann Melville und den Klassiker „Moby Dick“. Da liegt eine Prachtausgabe. 960 Seiten stark mit 269 Illustrationen von Rockwell Kent (1882–1971), geschaffen 1930. Der Amerikaner war nicht nur ein großer Künstler, sondern gestaltete aus Erfahrung, denn er war auch Matrose und Abenteurer. Wo kann man solche Bücher schon mal erwerben? Wieder-Lesestoff für mehr als eine Urlaubswoche!

Besonders schön: Auch an die Kinder ist gedacht. Da macht sich der Fischlandverlag verdient. Der residiert zwar nicht auf dem Fischland, auch nicht auf dem Darß, sondern in Berlin. Macht aber nichts, er verlegt wunderschöne Kinderbücher und die spielen allemal an dieser Küste. Da wird auch von einer kleinen Seenadel erzählt und von einem Wildschweinchen, das lebt – ja wo schon? – im Darßer Urwald.

✶ Der Kunstkaten in Ahrenshoop

Ein Prinz stand Pate

Allein die Geschichte des Hauses ist interessant. Es entstand 1909 mithilfe des deutschen Kaiserhauses, aber die Idee verdankt Ahrenshoop den führenden Männern seiner Künstlerkolonie. Die hatten, zunächst bis 1918, hier einen Ort, um ihre und die Werke ihrer Schüler auszustellen. Erst 1946 wurde die Tradition wieder aufgenommen. Es gab einige Höhen und Tiefen. Nach der Übernahme des „Blauen Hauses" durch die Gemeinde Ahrenshoop aber ist der „Kunstkaten" wieder das, was er war: die bekannteste unter den nicht wenigen Galerien der Region. Sie präsentiert in ständig wechselnden Ausstellungen Arbeiten zeitgenössischer Künstler, für die das „sturmbesonnte Land", für die die See das Thema ihres Lebens ist.

Zeugen der Zeitgeschichte

Für den einen geht von diesen Ruinen ein eigentümlicher Reiz aus, dem anderen jagt ihr Anblick Schauer über den Rücken. Die Rede ist von den Bunkern, von denen einst mehr als 70 an der Küste zwischen Wismar und Usedom standen. Nur wenige sind sichtbar, die Mehrzahl ruht verborgen irgendwo. An der Steilküste zwischen Wustrow und Ahrenshoop, hier trägt die See pro Jahr etwa einen Meter Land ab, hat es bereits zwei Riesenklötze frei gespült, nach fast 30 Jahren liegen sie nun gut 30 Meter weit im Meer. Sie waren Teil eines unterirdischen Systems; das wurde überwunden wie das Ganze, das ihm zugrunde lag.

Bunkerruinen im Meer – Erinnerung an schlimme Zeiten

Vom Besteigen hoher Berge

Höhentraining stärkt die Ausdauer. Die kann man immer gut gebrauchen, zum Beispiel bei einer Strandwanderung. Also sollte man im Urlaub immer mal früh aufstehen, sich ausrüsten und den höchsten Berg des Fischlandes erklimmen. Mut und Ausdauer sind angesagt, denn der Bakelberg ist immerhin 18 Meter hoch! Wer schweißgebadet oben ankommt, alleine oder mit der Seilschaft, stutzt. Ein stummer Besucher ist schon da. Ein Kunstwerk zum Bestaunen. Der führende Popart-Künstler Deutschlands, Moritz Götze aus Halle an der Saale, hat eine riesige Figur errichtet, fünf Meter hoch, aus Bootsbausperrholz gefertigt, also wetterfest. Bekleidet mit einem auffälligen Gewand schreitet der ungekrönte König der frühen Ahrenshooper Malerei, Paul Müller-Kaempff (1861–1941), voran auf einem Kunstpfad, der quer durch den Ort vorbei an Häusern und an Galerien bis an den Rand des Saaler Boddens führt. Vorbei sollte man aber nicht gehen, vielmehr hie und da eintreten, schauen und erfahren, wie die Künstlerkolonie gegründet wurde und mit welchen Intentionen, wer hier lebte.

Am Abhang des Schifferberges am Bodden (er ist ganze 14,8 Meter hoch!), steht das Pedant des Kunstwerkes auf dem Bakelberg. Es heißt „Die Malweiber" und ist den Frauen gewidmet, die unter der Anleitung von Paul Müller-Kaempff zu Künstlerinnen reiften. Das ist sein Verdienst: Er gab sein Wissen und sein Können an begabte Frauen weiter, die malen wollten, aber der Zugang zu Kunstakademien blieb ihnen bis 1919 verwehrt. „Malweib" – das war zunächst abwertend gemeint, aber mit der Zeit wurde das Wort zu einem Ehrentitel.

✶ Paul Müller-Kaempff schaut auf sein Ahrenshoop

Kultladen für Ostseefans

Die Türschwelle ist aus Beton. Das muss so sein. Wäre sie aus Holz, so wie der größte Teil des wohl bald hundert Jahre alten Ladens im Bauhausstil, müsste sie wohl oftmals ausgewechselt werden. Gefühlte 100.000 Touristen schreiten pro Jahr durch den Eingang der „Bunten Stube“, ein Besuch in ihr gehört zum Kult- und Kulturprogramm in Ahrenshoop. Was gibt es da zu sehen und zu kaufen? Wie es der Name sagt: eine „bunte Mischung“ von Büchern, Kleidung, Gläsern, Keramik, Grafiken und Gemälden, dies und das aus Bernstein … Aber nicht den berüchtigten „Schrapel“, niemals Firlefanz, vielmehr Sachen die wirklich schön und meist auch nützlich sind.

Seit fast hundert Jahren eine Institution

✶ Rohrdachdecken – hier Tradition seit über tausend Jahren

Handwerkskunst in luftiger Höhe

Die Touristen stehen und staunen – da wird ein Dach in der Alten Schule in Ahrenshoop mit Rohr gedeckt. Bald ist es fertig. Ob dann einer der Gesellen einen Kopfstand auf dem First macht? Als Martin Waack so um die zwanzig war, hat er den nie ausgelassen. Aus purer Freude am Gelingen, und dann ist er auf dem Hosenboden vom Dach gerutscht. Heute – dreißig Jahre später – ist der einstige Geselle Meister und leitet von Klockenhagen aus einen der größten Betriebe seiner Art auf dem Fischland. Doch bis dahin war es ein steiniger Weg. Zunächst einmal eine solide Lehre, denn Rohrdachdecken ist kein Kinderspiel, da braucht es das handwerkliches Können, das sich hier an der Küste über Generationen vererbt hat. Es folgte Arbeit im Freilichtmuseum

✶ Malchens Café – nicht der Hinter-, nein der Haupteingang

nicht einmal, ob er am Strand überhaupt eine trug. Aber dass er ein Stück über Albert Einstein schreiben wollte, das schon. Das hat er dann doch nicht gemacht. Der berühmte Physiker aß hier bereits 1918 Malchens Kirschtorte. Ob ihm die Idee, Leuchtturmwärter werden zu wollen, hier gekommen ist? Angeregt vom Turm am Darßer Ort? Denkbar. Aber er ist dann doch bei seinem Leisten geblieben. Leisten, Schuhe, laufen … Dass Einstein auch ein guter Fußgänger war, wird hier schnell klar. Er wohnte im Alten Zollhaus an der Dorfstraße Nummer 6. Von dort bis zum „Malchen" zieht sich der Weg, und damals war das eine Sandpiste. Hin ging es ja, aber zurück mit „Köm" (sprich Aquavit) und so? Womöglich gar im Dunkeln. Da ist nichts überliefert.
Ahrenshoop sollte – so dachte sich das die Regierung der jungen DDR – Bad der Intelligenz werden. Vorbild war die berühmt-berüchtigte Künstlersiedlung Peredelkino bei Moskau. Soweit ist es – zum Glück – nicht gekommen. Die „Intelligenzia" saß im Kurhotel am östlichen Ortsausgang. Einheimische nannten das längst abgerissene Gebäude „Bonzenaquarium".
Also das „Malchen" im „Saatmann". Über Jahrzehnte Gespräche, schlemmen, schlecken, schmatzen, schlucken. Aufmüpfige Kinder gab es bis vor etwa vierzig Jahren kaum. Wenn schon mal welche dabei waren, so hatten sie gerade zu sitzen und nur zu reden, wenn sie gefragt wurden. Heute der übliche Lärm. Einst nur gedämpfte Stimmen. Ernsthafte Gedanken und zukunftsfrohes Geschwätz über die Möglichkeiten der Weltverbesserung. Vieles schien machbar nach der Katastrophe des Krieges … Auf die immer gleichgute Torte gab's Dünnbier und – natürlich – Dop-

pelkümmel. Und immer wieder schwerverdaulichen Tiefsinn, Schöpferlaune, Schmieden an Versen, Lob der „Partei", ergreifende Widerspieglungen … Vieles für den Tag, für das Vergessen.

Noch ein paar Namen aus vergangenen Jahrzehnten: die Schauspielerin Henny Porten mit Victor de Kowa an der Seite. Heinz Rühmann. Ob er im „Malchen" nur einen „wönzigen Schlock" genommen hat, wissen wir nicht. Dazu der Bildhauer Gerhard Marcks, die Schriftsteller Uwe Johnson, Anna Seghers, Stefan Heym, Christa Wolf und Franz Fühmann. Mutter Courage alias Helene Weigel. Und Marianne Wünscher. Wer kennt sie heute noch? Im Osten beinahe jedermännin über fünfzig, denn sie hat in mehr als 90 Rollen auf den Bühnen der DDR gestanden und war bis zu ihrem frühen Tod im Jahre 1990 ein Film- und Fernsehstar.

Wer noch? Karl-Eduard von Schnitzler, Chefkommentator des DDR-Fernsehens und bekannt als „Sudelede". Honecker hatte ihm verboten, seinen Adelstitel abzulegen. Ja, auch der löffelte hier seinen Kuchen. Er hat, wer hätte das gedacht, in seiner Zunft würdige Nachfolger gefunden.

Und aktuell? Jüngst aß die Tatort-Queen Ulrike Folkerts hier ihr Eis. An Orte, die so illustre Leute anlocken, zieht es allemal die hohe Politik. Joachim Gauck und Angela Merkel haben mal vorbeigeschaut … So liest man es an einer Tafel draußen im Garten. Fehlt noch Franz Kafka, aber dem war der Weg zu weit, der Kur-urlaubte 1914 und 1923 in Graal-Müritz.

Kunst- und Kaffeegenuss

Aus Mecklenburg und Vorpommern wurde einst viel Getreide exportiert, zumeist in die Anrainerstaaten der Ostsee. Manches aber blieb im Lande und wurde vermahlen. Daran erinnert die alte Mühle am Saaler Bodden, die sich heute „neue Mühle" nennt. Zu Recht, denn sie wurde von Grund auf saniert, und außerdem hat sie nun eine ganz andere Funktion. Als „Kaffeemühle" beherbergt sie ein Öko-Café, und als „Malwerk" eine kleine Galerie. Hier sieht man oftmals Kinder mit kühnem Schwung die

✶ Blick in die Mal- und Druckwerkstatt

Pinsel führen. Früh übt sich (unter Anleitung, das versteht sich), was ein Meister werden will. Ansonsten stellen in den kleinen Räumen Künstler und Kunsthandwerker aus, einer beherbergt den Werkstattnachlass des sächsischen Wahlprerowers Theodor Schultze-Jasmer (1788–1975), der mit Gemälden des Weststrandes und Fotos der Darßlandschaft bekannt geworden ist.
Durch die kleine Gaststube kann man in den Garten gehen und bei schönem Wetter herrlichen Kräutertee trinken, die Schmetterlinge durch den Ökogarten schweben sehen und den Blick über die Wiesen bis zum Bodden genießen.
Seitwärts stehen Steine auf massiven Holzpfosten. Es sind Findlinge, sie stammen aus Mecklenburg und wurden in den Endmoränen geborgen, die die letzte Eiszeit hinterlassen hat. Matthias Wendt aus Rostock hat ihr Inneres erspürt und aus dem harten Stein herausgearbeitet. Ein Dutzend ursprünglich grober Findlinge zeigt, dank seines Geschicks mit Hammer und Meißel, mit Schleif- und Poliermaschinen umzugehen, herrliche Naturfarben. Nun leuchten ihre Kerne rot, gelb, grau und grün im Licht. Die schönen Steine standen lange Zeit im Garten des Lokals „Buhne 12", über Jahrzehnte die Kult-Lokation in Ahrenshoop. Sie lockte mit der schönsten Aussicht weit und breit. Hier mit dem Auto vorfahren? Das ging gar nicht. Wanderer und Radfahrer waren immer willkommen, und man durfte im Garten sogar ein Pferd anbinden. Vorbei – das Plateau unmittelbar auf der Steilküste wird anderweitig gebraucht – vermutlich für Eigentumswohnungen.

Herr Koch aus Gotha bei Berlin

Wenn meine Mutter uns Kindern „anständiges Deutsch" beibringen wollte, half ihr Fritz Koch-Gotha. Den liebte sie, wie jeder, der ihn kannte. Seine Karikaturen in der *Berliner Ilustrirten* (die schrieb sich bis 1941 tatsächlich so), in den *Lustigen Blättern* und in der *Woche* waren die Renner. Die Leute rissen sich die Journale aus der Hand, weil sie in einer Zeit, die ansonsten wenig Anlass dazu bot, auch mal aus vollem Herzen lachen wollten.

Eine der Bildgeschichten ging so: Ein Ehepaar sitzt am Küchentisch. Der Mann räsoniert: „Schon wieder Kohl mit ohne Flesch. Ick eßte ja erst jestern." Die Frau sagt spitz: „Das heßt ick aß." „Ne", erwidert der Mann, „auf dir wird det ja zutreffen, ick muss mir nich Aas nennen." Seit dieser vergnüglich-doppelbödigen Belehrung weiß ich, was man mit der deutschen Sprache so alles machen kann.

Fritz Koch-Gotha gilt als „Berliner Herz mit Schnauze". Das war er auch, obwohl er in Gotha geboren wurde. Dass er ab 1944 in Ahrenshoop lebte, habe ich erst später erfahren. Er besaß hier ein Sommerhaus in der Fulgestraße. Das war sein Glück, nachdem er bei einem Bombenangriff auf Berlin sein Atelier verloren hatte. Mit dem waren fast alle seine Zeichnungen vernichtet worden. Auch die Originale der „*Häschenschule*".

Die war schon 1924 erschienen und verkaufte sich allein im ersten Jahr 264.000 Mal! Die Verse konnte damals jedes Kind auswendig und wohl fast jedermann, der heute um die 80 Jahre alt ist, kann aus ihr zitieren. „Kinder", spricht die Mutter Hase, / putzt Euch noch einmal die Nase / mit dem Kohlblatttaschen-

✶ Zu kalt zum Baden – Lesen geht immer

tuch! / Nehmt nun Tafel, Stift und Buch! / Tunkt auch eure Schwämmchen ein! / Sind denn eure Pfötchen rein? …

Das war und ist noch immer amüsant zu lesen und wird gut verkauft wie eh und einst, wenn auch „moderne Lehrende" die Nase rümpfen und das Buch verteufeln, weil der Lehrer den Hasen Hans auch mal einen Löffel langzieht. Zum Glück stört das nicht jeden Pädagogen; in Mühl-Rosin im Landkreis Rostock gibt es sogar eine KITA namens Häschenschule.

Heute gehört das Haus in der Ahrenshooper Fulgestraße den Enkeln des Künstlerehepaars Fritz Koch-Gotha und Dora Koch-Stetter: In ihrer Keramikwerkstatt entstehen formschöne Vasen, Schüsseln und Geschirr, zumeist in einem zarten Grün und leuchtendem Kobalt gehalten.

Ihr Großvater, der über Jahrzehnte der beliebteste Karikaturist und Pressezeichner Deutschlands war, ruht auf dem Fischlandfriedhof in Wustrow. Gestorben ist er 1956 in Rostock. Die Hansestädter haben ihn schon 1947 zum Ehrenbürger gemacht und eine Straße nach ihm benannt. In der steht seit 2016 auch ein Denkmal, das vergnüglich stimmt.

* Anleitung für lieb-lichen Gesang

Loblied auf ein Urlaubsparadies

Jede ordentliche Stadt hat heute ihre „Kommunalhymne“, das Dorf Ahrenshoop hat auch eine. Bereits seit 1908. Damals machte hier der Musiker Oswald Körte Urlaub. Er band sich schnell an die Künstlerkolonie. Ein Schelm war er auch und gab seiner Liebe zu dem (seinerzeit) beschaulichen Ort in einem humorvollen Lied Ausdruck: „… seht ihr da die Maler sitzen / ja sie schwitzen – ha! – vor ihrer Palette / Pinsel schwillt, die Farbe quillt zum Bild. / Malt still und sanft, daß nicht die Staffel kracht …“ Lange war das Lied vergessen, aber jetzt wird es wieder gesungen. Nicht nur von „unseren Menschen“, sondern auch von deutschlandweit bekannten Solisten. Zur Freude aller „Dörfler“ und ihrer Gäste aus nah und fern. Was die Gäste betrifft: Wenn das Lied bei einem größeren Konzert erklingen soll, hält ein dienstbarer Geist große Schrifttafeln hoch, damit alle im Publikum auch laut und deutlich mitsingen können.

Open Air für Klassikfreunde

Dass Musik und Natur zusammengehören, weiß man spätestens seit dem Zeitalter der Romantik.
In den Kompositionen von Franz Liszt, Edvard Grieg oder Bedřich Smetana kommen Waldesrauschen, Vogelstimmen und Sturmgebraus nicht nur vor, sie sind konstituierende Elemente. Romantische Musik bestimmt im Wesentlichen das Programm der Konzertreihe „Naturklänge", die auf dem Steilufer bei Ahrenshoop vor der Kulisse der sommerlichen See seit Jahren Enthusiasten anzieht.
Enthusiasmus gehört unbedingt dazu. Man sitzt auf harten Stühlen (Räuberzivil ist erlaubt, Abendrobe aber auch). Bei fortgeschrittener Stunde muss man sich in eine Decke hüllen, manch-

Was darf hier nur erklingen? Romantik pur!

Angesichts der Lage Ahrenshoops von malerisch zu sprechen, ist doch recht realitätsfern. Ein langgestreckter Ort, eingequetscht zwischen Bundesstraße und Strand. Auf dieser Straße drängelt sich der gesamte Darßer Urlauberverkehr inkl. Versorger mit ihren LKW, Lautstärke gibt's gratis. Will man aus dem Ortsteil jenseits der Straße zum Strand, wird das teilweise zum Geduldsspiel oder, so man Kleinkinder dabei hat, zum gefährlichen Unterfangen. Große Hotelkomplexe wurden lieblos zum Zwecke des Balkonmeerblicks hinter die Düne an die Bundesstraße geklatscht – architekturästhetisch ein Verbrechen. Der Strand ist für Darßer Verhältnisse schmal und eintönig. Den Vergleich mit Prerows Weststrand, dem 100 m breiten Nordstrand mit betretbaren, weil wachsenden Dünen, dem Urwald und Naturschutzgebiet am Darßer Ort oder den verwinkelten Gässchen bzw. behutsamer eingepassten Hotelanlagen in Zingst verliert Ahrenshoop um Längen. Der Ort zehrt von einem Ruf, der nichts (mehr) mit der Wirklichkeit zu tun hat.

Leserbrief zu einem Artikel von
Martin Ahrends in der ZEIT vom 3. September 2015

Die große Flut auf dem Fischland

13. November 1872: Wer das Schauspiel der grauenhaft erregten Natur anschauen und bewundern wollte, musste sich quer durch das Westfeld zum hohen Ufer begeben. Hier bot sich ein wirklich erhabener Anblick dar. Das Meer, so weit das Auge reichte, schien bis in seine größte Tiefe aufgewühlt und ließ seine riesigen schaumbekrönten Wellen einander überstürzen, eine Welle jagte die andere, bis sie am Ufer zerschellte … Darinnen unten im Dorf (Althagen, heute ein OT von Ahrenshoop) sah es nicht minder schrecklich aus. Dort standen mehrere Häuser bis an die Fensterbrüstungen unter Wasser, und auch die Gegend vom Hafen bis zu den Büschen war so überflutet, dass das Wasser einige Häuser dem Einsturze nahe

* Jeder Sturm trägt Sand ab, doch irgendwo auch wieder an

führte … Die Schornsteine waren eingestürzt, die Wände ausgewaschen, und der Hausrat durch die Strömung nach außen geworfen … Von den gegenüberliegenden Darßer Ortschaften wurden ebenfalls Gegenstände mannigfacher Art angeschwemmt: Tierleichen, Strohmieten, Hausrat, gefälltes Holz aus der Darßer Waldung …
Fast vollständig geschlagen standen die Althäger Bewohner am Ufer der überschwemmten Niederung und suchten ängstlich nach den vom Meer geraubten Sachen.

Aus einem zeitgenössischem Bericht

Übers' Meer

Wie überm Meer, dem sturmbesonnten
Die Möwe spähend hängt,
ihr Auge schweift zu fernen Horizonten
wo Woge sich an Woge drängt –
so steh ich hier an Hohem Ufers Rand
lass meine Augen, weiter als des Vogels gehen
bis sie am fernsten Strand
dich sehn.

Gerhard Marcks, 1933

Der Maler und Bildhauer Gerhard Marcks (1889–1981) lebte 1933, nach seiner politisch motivierten Entlassung aus dem Lehramt an der Kunsthochschule Halle – Burg Giebichenstein, zeitweilig in Niehagen (heute Ortsteil von Ahrenshoop).

✶ Noch drei Minuten: „Gleich ditscht se ein!"

✶ Wegweiser für Fahrensleute und Nachtwanderer

Feuer – weit über Land und Meer

Vier sehr bekannte Leuchttürme gibt es an der Mecklenburgischen Ostseeküste: Sie stehen in Warnemünde, auf Kap Arkona (Rügen), auf dem Dornbusch (Hiddensee) und am Darßer Ort. Sie zu besuchen ist ein Muss.

Der Backsteinriese am Darßer Ort ist 35 Meter hoch, auf seine Plattform führen 134 enge Wendelstufen. Einen Fahrstuhl gibt es nicht. Das ist sehr schön, denn damit ist schon einmal garantiert, dass sich das Gedränge in Grenzen hält und dass man, einmal oben, auch ein Weilchen bleiben kann, um die Rundumsicht zu genießen. Seewärts sieht man – wenn man Glück hat – die dänischen Inseln Falster und Mön, sie liegen keine 40 Kilometer weit entfernt. Westwärts kann man fast bis Rostock schauen, südwärts über den Nationalpark Vorpommersche Boddenlandschaft, ostwärts Richtung Prerow und Zingst bis zum Großen Kirr.

Der Turm wurde 1848 gebaut, und das hatte einen ernsten Hintergrund: Vor der Küste liegen zahllose Untiefen, die wurden Schiffen zunehmend zum Verhängnis. Wie viele Schiffe das Leuchtfeuer, das 20 Seemeilen (ca. 37 Kilometer) auf das Meer hinaus leuchtet, vor dem Stranden bewahrt hat, wie viele Fahrensleute dank seiner Kraft nicht in Seenot gerieten, weiß man nicht. Eines weiß man leider recht genau: Weitere 170 Jahre wird sich der Turm nicht halten können. In jedem Jahr trägt die See etwa einen Meter Land vor seinen Füßen ab. Das Land ist nicht verloren, es wird weiter ostwärts wieder angeschwemmt, aber der Leuchtturm Darßer Ort wird etwa um das Jahr 2070 Geschichte sein.

Tiere zum Anfassen

Wenn sie es noch nicht bei der Anfahrt gemerkt haben: Spätestens bei einem Rundgang im Gut Darß begreifen Großstadtkinder, dass Kühe alles andere als lila sind. Auf dem Erlebnishof Gut Darß können sie ihnen richtig nahekommen, auch Pferden und Ziegen, selbst den riesigen Wasserbüffeln. Die kleineren Tiere lassen sich sogar streicheln, man kann mit ihnen kuscheln, das ist schon ein Erlebnis. Und eine Hofführung ist es allemal, denn da wird alles gezeigt, was auf dem Riesengut so kreucht und fleucht, auch wie die Landtechnik funktioniert.

Und wer bist du?

Überall begegnet man „glücklichen" Tieren, denn sie werden streng ökologisch gehalten, allerdings – wenn es denn Zeit ist – auch ebenso verarbeitet. Klingt böse, ist es auch, aber wir sind nicht in Indien. Vegetarier stellen in Deutschland nicht wie dort 80 Prozent der Konsumenten, sondern etwa zehn Prozent. Da ist es schon bemerkenswert, dass die meisten Kinder in der Gutsküche bei Pommes „mit und ohne" bleiben, aber ihre Eltern sieht man vor großen Steaks oder Schweinegulasch sitzen, dies und das stammt auch vom Wild aus dem nahen Darßwald. Bio-Fleisch-Produkte aus eigener Herstellung gibt es im Hofladen; da sieht man Kinder aber kaum, die hangeln sich derweile als „Wipfelstürmer" durch den Kletterwald schräg gegenüber. 70 Aufgaben – je nach Altersklasse, Geschicklichkeit und Kraft – warten hier auf Abenteurer. Die Mädchen gehen's meist ruhiger an, sie „kämpfen" gegen die Hindernisse der Natur-Minigolf-Anlage. Gut, dass Schafe keine Hunde sind, die würden den fehlgeschlagenen Bällen hinterher sausen. Die Heidschnucken schauen etwas dümmlich drein.

Die Kuh springt hoch, die Kuh springt weit.
Warum auch nicht, sie hat die Zeit.

Kinderreim

✶ Der Bursche schaut aufs Meer – ich hab auch Sehnsucht

Riesen im Darßwald

Nicola Nibisch ist keine Jägerin, auch keine Försterin, aber sie kennt sich mit allem, was dazu gehört, bestens aus. Sie ist „schon immer“ auf dem Darß zu Hause, weiß um jeden Baum und Busch und alles zu den Tieren im Urwald zwischen dem Bodden und der See. Die Hirsche haben es ihr besonders angetan. Über diese Riesen ist sie bestens informiert: Wo sich die Tiere zu welcher Tages- oder Nachtzeit aufhalten, wie sie reagieren, wenn sie Menschen wittern, was sie gerne futtern… Davon erzählt die Leiterin des Forst- und Jagdmuseums in Born den Besuchern gern, auch wenn sie manche Frage „löchert“. Es sind auch wirklich merkwürdige darunter. „Sagen Sie“, fragt eine Frau, „wer sind die Leute hier im Wald, die immer auf die Tiere einschlagen? Die brüllen ja so schmerzvoll, einfach fürchterlich! Hunger kann es nicht sein, wir haben erst September …“ Geduldig erklärt die Pädagogin das Verhalten der Hirsche während der Brunft, und weil die Fragende noch immer skeptisch guckt, spielt sie eine Tonprobe ein. „Ja, das ist es! Ganz genauso schreien sie!“

Obwohl es im Haus zahlreiche Präparate von Marderhunden, Dachsen, Ottern und Waldvögeln gibt, dazu Geweihe, Forstgeräte und so weiter, vor allem aber viele Dokumente zu den Beamten der preußischen Forstverwaltung, angefangen beim verdienstvollen Ferdinand von Raesfeld (1855–1929), bleiben die Hirsche im Zentrum des Interesses. Es gilt vor allem dem einmaligen Ganzkörperpräparat zweier im Brunftkampf tödlich verunglückter Tiere, und deren Anblick rührt allemal.

Wissensquelle für Naturfreunde

Am Darßer Ort wandern in der Hochsaison Tag für Tag Tausende Urlauber den Strand entlang. Auch Ende September sind es noch Hunderte, ganz Hartgesottene sieht man auch im Winter hier. Und alle suchen etwas. Natürlich Bernsteine, doch sie sind selten, also freuen sich die meisten an anderen schönen Steinen. Wenn sie nun einen in Händen halten, der ihnen gefällt, bleibt oft die Frage: Wie heißt er und wo kommt er her?
Antworten gibt's im Natureum am Leuchtturm. Hier sind in geräumigen Vitrinen sämtliche Steine, die im Ostseeraum vorkommen, ausgestellt. So die zwischen 1,8 bis 2,8 Milliarden (!) Jahre alten Gneise, Granite und Rapakivi von den Geröllküsten in Finnland, Schweden und den Alandinseln, die es dank diverser Eiszeiten bis vor den Darßer Ort geschafft haben. Natürlich begegnet man hier auch den beliebten Hühnergöttern und Donnerkeilen. Alle Objekte sind sorgsam beschrieben. Man kann seinen Fund aus der Tasche nehmen und vergleichen, das Exponat fotografieren, und dann ist man richtig „schlau". Auch was die Herkunft angeht, denn sie ist auf geografisch-geologischen Karten eingezeichnet. Das betrifft natürlich auch den Bernstein.
Bei den Steinen muss es nicht bleiben: Alle Tiere, die im Ostseeraum vorkommen – vom Seevogel bis zur Muschel – sind in Präparaten, zum Teil in lebensnahen Dioramen, präsent. Fische haben ihre Aquarien. Und ganz besondere „Schmeckerchen"? Zum Beispiel ein Blick in den Darßwald bei Nacht. In den traut sich wohl kein Tourist, ihm wäre dvona auch dringend abzuraten.

✶ Wer Glück hat, kann diese Tiere auch am Strand sehen

✶ Immer Smartphone muss ja nun nicht sein

Stumm wie die Fische

Winterabende auf dem Darß. Vor 100, 150 Jahren müssen sie den Insulanern lang und langweilig gewesen sein. No television usw. Sie mussten sich etwas einfallen lassen. Da traf es sich gut, dass ihnen ein Seefahrer vom Karneval in Rio erzählte. Das können wir auch, riefen sie und schritten zur Tat. Seitdem gibt es an einem Samstagabend im Januar den Borner Maskenball. Originelle Kostüme und natürlich Masken sind Trumpf, nur wer beides trägt, darf tanzen und das, bis zur allgemeinen Demaskierung, ohne ein Wort zu sprechen. Stumm tanzen? Kein Süßholz raspeln? Geht das? Aber immer! An der Waterkant.

Allen Wettern zum Trotz

„Am Brunnen vor dem Tore …“ Jede deutsche Siedlung hatte einst ihre Dorflinde. Bei ihr traf man sich zu Tanz, Gesang und – Brautschau. Und – wenn es nötig war – auch um Gericht zu halten. In Born war es nicht anders als überall im Land. Die Zeiten haben sich geändert, die Linde ist geblieben. Seit über 500 Jahren steht sie da. Sonnenglut und endloser Dürre, eisigen Wintern, schweren Stürmen und Wettern hat sie getrotzt, ein Blitz ist in sie gefahren, hat sie halbiert und geköpft. Aber sie hat standgehalten und ist nun die älteste ihrer Art auf dem Darß. Allen Völkern Europas, besonders den Germanen und den Slawen, galt der Lindenbaum als heilig. Heilig – das Wort ist fast aus der Mode …, die Borner und ihre Gäste betrachten diese Linde voll Ehrfurcht.

Die Linde vor Peterssons Hof in Born

Schwierigkeiten mit der Wahrheit

Manch „gelernter DDR-Bürger“ wird sie noch besitzen, die Wanderkarten aus dem „volkseigenen“ Tourist Verlag Berlin. Mit der Darß-Fischland-Karte nennt er eine Rarität sein eigen. Das Gebiet ist 1 : 50.000 kartografiert, mit Straßen, Dörfern und so weiter. Aber nicht das ganze! Im Norden ist die Karte abgeschnitten. Den Darßer Ort mit seinem Leuchtturm gibt es nicht. Da führt kein Weg am Strand entlang. „Klassenbewusste Anwendung der wissenschaftlichen Methode des gleitenden Maßstabes“ nannte sich das. Und warum das Ganze? Die Nordspitze war Sperrgebiet. Da saßen die Grenzschützer. Die waren topografisch bestens versorgt und die „besonderen Genossen“, die gleich hinter dem Leuchtturm ihre Datschen hatten, brauchten keine Karte, ihr Personenschutz kannte sich aus in der Gegend.

✶ Erinnerung an lang vergangene „Meisterleistungen“

✶ Fundgrube für Freunde der Moderne

Entdeckertour in Sachen Kunst

Carl Marx? Den kennt man doch! Wirklich? Es gab nicht nur den Philosophen, sondern einen Maler gleichen Namens. An das Werk des großen Denkers Karl kommt jeder ran, aber an das des begnadeten Malers und „Bauhäuslers“ aus Dessau? Da muss man schon auf Entdeckertour gehen. Fündig kann man im Kunstraum Darß werden, einer kleinen Galerie in Born, die hier im Sommer residiert. Ausgestellt werden Werke von Zeitgenossen und auch Künstlern, die noch vor Kurzem tätig waren. Eben solche wie Carl(!) Marx und andere, die die Entdeckung lohnen. Oder das Wiedersehen! Da – ein Ticha, unverkennbar. „Wie schön“, sagt eine Dresdnerin. „Kaufen!“, antwortet ihr Mann.

Eldorado zwischen Wald und Meer

Es gibt Campingplätze, die sind legendär. Der in Prerow gehört dazu. Das bestreitet niemand. Und warum? Hier darf man sein Zelt direkt in den Dünen aufschlagen, sogar das größte Wohnmobil (so es Allradantrieb hat!) parken und ohne alles auf dem Leib ins Wasser stürmen. Ist das ein Vorteil? Allemal, denn im größten und schönsten FKK-Revier Deutschlands ist reichlich Platz vorhanden. 2.500 Meter lang ist der herrlich breite, flache Sandstrand mit Sportarealen, Spielplätzen und unaufdringlichem Catering. Dahinter liegen Buddelburgen. Graben erlaubt. Manch einer kommt hier seit 30, 40 Jahren immer wieder her. Neulinge brauchen sehr viel Glück: Die Plätze in den Dünen sind an 365 Tagen im Jahr ausgebucht. Sogar im Winter? Ja, denn auch um diese Jahreszeit ist es hier traumhaft schön.

Mehr Platz für traute Zweisamkeit geht nicht

Auf zur nächsten Runde!

Gemächlich durch den Wald

Pauline und Max sind gut genährte Pferde. Das muss auch so sein, denn sie ziehen gemeinsam einen Kremser durch den Darßwald. Zwanzig Leute sitzen hinten im Wagen, und die bringen reichlich auf die Waage. Zwei Touren von Prerow zum Darßer Ort und zurück absolvieren die beiden am Tag, also gut 30 Kilometer. Aber die ziehen sich. Sandweg, Knüppeldamm, holprige Betonschwellen … Am Ziel haben sie je eine Stunde Trink- und Hafer-Pause, aber am nächsten Tag dürfen sie im Stall bleiben. Die Masse der Touristen radelt über Sand und Stein, viele wandern. Gut so, denn schon Johann Gottfried Seume sagte: „Wer läuft sieht im Durchschnitt mehr, als der, der fährt." Das war 1804.

Schaufelrad, Musik und hoch die Tassen – das ist volles Leben

Südstaaten-Feeling

Da kommt er aus einer engen Kurve, er schnauft und zerquirlt mit seiner Riesenschaufel am Heck das Wasser des Prerowstroms. Mäßige Fahrt. Na, sitzt der Dampfer etwa auf? Nein, den ficht nichts an. Er ist (fast) ein echter Mississippidampfer. Mit allem was dazugehört. Tiefgang minimal, ordentliche Pferdestärken. Und die Optik erst! Authentic New Orleans. Die Passagiere sitzen hoch über dem Uferwald aus dichtem Rohr, schauen und beobachten die Wasservögel, die sich vor dem Ungetüm in ihrem Prerowstrom nicht fürchten. Manch einer nippt am Whisky, aber Cola gibt's natürlich auch an Bord. Country Musik schallt über das Wasser. Die Fische bleiben (meistens) außenbords. Hier isst man Steaks.

Geschichte und Geschichten

Im Gelände des Darß-Museums stehen drei mächtige Eichen, jede ist über 500 Jahre alt. Es braucht schon mehrere Männerarme oder wenigstens sechs Kinder, um sie zu umfassen. Die Bäume werden oft bewundert. Martin Luther, wenn er denn je hier gewesen wäre, hätte unter ihnen rasten können. Dass die Bäume noch immer ihre Schatten spenden und vielen Tieren Heimat sind, ist erstaunlich, denn in Prerow wurden über Jahrhunderte Schiffe gebaut. Das Edelholz hätten die Zimmerleute gut gebrauchen können. Sie haben verzichtet, den Menschen auf dem Darß war wie allen deutschen Stämmen die Eiche ein heiliger

Im Garten des Darß-Museums

Baum, das Sinnbild für Standhaftigkeit, für Festigkeit, Weisheit und Unsterblichkeit. Ihre Eicheln sammeln und aus ihren Gallapfeln eine gute Tinte zubereiten, das natürlich. Aber an eine Eiche ohne Not die Axt anlegen? Nein.

Viele Exponate im Haus erzählen von der Treue der Darßer zu ihrer Kultur. Sie kommt in den Trachten zum Ausdruck, in ihren Liedern, ihrer Sprache, in handwerklich gefertigten Gegenständen, die für den Gebrauch in Haus und Hof und auf dem Meer, beim Fischfang, im Kampf mit der Natur benötigt wurden. Dazu kommen allerlei Sachen, Sächelchen und Kuriositäten, die Prerower Seeleute von ihren Reisen um die Welt mitbrachten. Der Interessierte kann alte Karten von Land und See studieren und vergilbte Dokumente, die von der Entwicklung des Tourismus in und um Prerow vom 19. Jahrhundert bis in unsere Tage künden. Etwas Einmaliges in ganz Mecklenburg-Vorpommern ist die Frisch-Pflanzen-Ausstellung. Da sie ständig erneuert wird, darf man drei seiner fünf Sinne einsetzen, das heißt, sie nicht nur betrachten, sondern an ihnen riechen und sie sogar (be-)greifen. Und im Winter? Da versammeln sich ein paar Prerower Ureinwohner am Kamin. Manche, sogar Mancher(!) strickt und filzt. Dabei wird auch erzählt, wie es einst war und was es zu bewahren gilt.

✶ Darßer Brauhaus in Prerow – kurzer Weg des Biers ins Glas

Ausflugsziel für Trinkfeste

Früher wurde von der See bis zu den Alpen (beinahe) in jedem Haus gebraut. Mit und ohne Genehmigung der Obrigkeit. Vor hundert Jahren braute jeder, so viel er wollte. Der Becher mit dem Haustrunk kreiste alle Tage. Dann kam die Industrie. Mit den bekannten Folgen … Aber nun wandelt sich der Trend. Die stark beworbenen „Fernsehbiere" sind nicht mehr so beliebt. Im Trend liegen die Produkte der Brauereien, die nur für einen kleinen Markt produzieren, zumeist im Umkreis von zehn Meilen. Das Darßer Brauhaus schenkt aus seinen acht Zapfhähnen acht Grundpilse aus, alle sind handgemacht und ungefiltert, jedwede Chemie ist fern. Der edle Gerstensaft muss also flott getrunken werden. Doch das ist kein Problem. Wozu es lange lagern? Vor Ort schmeckt es am allerbesten.

Prerows Visitenkarten

Wenn die Fenster die Augen eines Hauses sind, so ist die Tür ihre Visitenkarte. Nirgends in Norddeutschland gibt es so schön gestaltete wie auf dem Darß. Das hat seinen guten Grund: Wenn in der Zeit der Segelschifffahrt die Fahrensleute nach langer Reise heimkehrten, feierten sie das auf ihre Art. Dazu gehörte auch das Zimmern, Schnitzen und das farbenfreudige Bemalen einer Haustür. Oft zeigen sie die Sonne als Symbol des Glücks, ein Sonnenaufgang garantiert glückliche Heimkehr. Der Tulpen- oder Lebensbaum steht für die Lebenskraft. Es gibt auch „heidnische" Motive, sie sollen den uralt hergebrachten Zweck erfüllen, also böse Geister abwehren und das Haus vor Blitzschlag und Feuer schützen. Meist stehen die Symbole erhaben in den Füllungen, das hebt sie zusätzlich hervor. Die Farben Blau, Gelb und Grün dominieren in vielfältigen Abstufungen.

Rot wird nur sparsam eingesetzt. Wer aufmerksam durch Wieck, Born, Zingst, Dierhagen-Dorf oder Ahrenshoop geht, entdeckt so manchen Zeugen dieser alten Handwerkerkunst.

Einige der traditionellen Türen schauen aus, als seien sie eben erst geschaffen worden. Das sind sie hin und wieder auch: Seit 1832 (!) arbeitet in Prerow die Kunsttischlerei Roloff, inzwischen besitzt sie einen legendären Ruf, und ihre einmaligen Qualitätsarbeiten sind durch ein Patent geschützt. Liegt's daran, dass es in Prerow die meisten und die schönsten „Darßer Türen" gibt? In einem eigenen Verzeichnis werden 33 dieser Blickfänge in 20 Straßen aufgeführt! Die schönsten sind in der Langen Straße und in der Buchenstraße zu sehen. Den Rundgang sollte man sich gönnen.

★ Preisfrage: Welche ist die Schönste?

Seemannskirche – schlicht und schön

„Lass mal die Kirche im Dorf!“ Gemeint ist, man soll nicht übertreiben. Aber das Sprichwort weist auch darauf hin: Das Gotteshaus gehört in die Mitte des Dorfes. Jeder soll es erreichen können, auch die Alten und Kranken. Also Dorfmitte! Da steht es auch – in aller Regel. Die Seemannskirche in Prerow wurde aber außerhalb, nah am Prerowstrom erbaut, der vor zwei Jahrhunderten noch direkt vom Meer in die Boddengewässer führte. Im Ortszentrum hätte diese Kirche den Fahrensleuten kaum als Orientierungszeichen dienen können.

Doppelfunktion: Gotteshaus und Touristenattraktion

Ursprünglich stand am heutigen Ort nur ein kleines Gotteshaus, dann wurde es von 1724 bis 1726, also in der „Schwedenzeit", als Fachwerkbau von Grund auf neu erbaut. So wie die meisten auf dem Fischland, dem Darß und Zingst. Da sie aber, bis auf den Glockenturm, hundert Jahre später in Backstein umgebaut wurde und ihre hölzernen Schwestern längst verfallen sind, ist sie nun die älteste im Norden und – wie alle Seemannskirchen – schlicht. Die Schiffer, Protestanten allemal, hatten nicht die Mittel, um sie kostbar auszustatten. Es reichte nur für enge, harte Bänke im Hauptschiff und in den Seitenschiffen unter den hölzernen Emporen, nicht für eine großartige Ausmalung. Da wirken der barocke Kanzelaltar und die Taufkapelle mit dem prächtigen Baldachin über dem Taufbecken schon sehr „südlich" und feudal. Ins Auge fällt vor allem das Votivschiff „Peter Kraft", das ein Kapitän im Jahre 1780 stiftete, als Dank für Rettung aus Seenot. Es gibt noch ein paar andere, mit denen Gerettete ihren Dank abstatteten.

Der Besucher sollte sich auch Zeit nehmen für einen Rundgang um das Gotteshaus. Über ein Dutzend alter Grabsteine erinnern an Seeleute, die hier von ihrer Lebensreise ausruhen. Erzählt werden auf ihnen auch Familiengeschichten. So die der Frau des Schiffers Schultz, die „in der Ehe" 13 Kinder gebar, von denen nur drei die Mutter überlebten. Was für ein Schicksal, aber ungewöhnlich war es nicht in dieser Zeit, im 18. Jahrhundert.

Freude durch Gewichtsverminderung

Der Koffer ist voll! Kunststück. Bei Strandwanderungen hat man ja fast täglich einen besonders schönen Stein, manches skurrile Stück Holz gefunden. Das lässt man doch nicht liegen! Und nun? Was wird aus den Büchern, die die Ferientage verschönt haben? Sie irgendwann wieder lesen? Es gibt so viel Neues … Also: Den nächsten Urlaubern eine Freude machen. Ab mit den „alten Schätzen" in den Lesepavillion des Darß-Museums. Der steht hinten im Garten und ist immer gut gefüllt. Jeder kann mitnehmen, was ihm gefällt, eine kleine Spende an der Kasse abgegeben, und: Die nächsten Leseabende sind gesichert.

Was zu beachten ist

* *Das Verweilen der Herren bei dem Damenbade während der Badezeit ist streng verboten.*
* *Man darf nicht erhitzt, nicht mit vollem, aber auch nicht mit leerem Magen baden.*
* *Man soll schnell in das Wasser – am besten Kopf voran – hineinspringen.*
* *Zu empfehlen ist die Einhüllung des Körpers in einen Bademantel, wenn man von der Zelle nach der Treppe und zurück geht.*
* *Die Abtrocknung, überhaupt des Kopfes, muß ganz energisch gehandhabt werden, sonst kann es Kopfschmerzen, Schwindel, Neuralgie und Zahnschmerzen geben.*

Vorschriften von 1911 für das Strandherrenbad in Prerow

★ Kein Fake! Diese Möwe kann fliegen, und sie liebt Heringe

Der Bug der Arche auf dem kleinen Ararat in Wieck

Noah hätte seine Freude

Das Foto ist zehn Quadratmeter groß, die Luftaufnahme zeigt gestochen scharf einen Teil der Landschaft, den Barther Bodden, der in die Gewässer vor der Insel Rügen mündet. Links voraus liegt Hiddensee, ein Zipfelchen der offenen See ist zu erahnen. Vor diesem großartigen Panorama stehen Kinder, sie sind ganz aufgeregt und fragen ihrer Lehrerin „Löcher in den Bauch". Die stört das nicht, im Gegenteil, sie freut sich, erklärt, verweist auf dies und jenes. Nach einer Weile führt sie die Mädchen und Jungen zu einem anderen Bild. Da geht es um „Das Luftkreuz des Nordens". Porträts von Zugvögeln sind zu sehen – vorneweg natürlich der Kranich. Die kleinen Naturfreunde erfahren, was es mit dem Vogelzug auf sich hat, warum die Weißwangengänse hier Pause machen auf ihrem langen Flug und dass die Singschwäne im Unterschied zu den Höckerschwänen keine Fluggeräusche machen. Letzteres wusste nicht einmal der Autor, der hier mal eben hospitiert. Um seinen Kenntnisse weiter aufzuhelfen kann er ja auch ins Hauskino gehen, da werden ausgesuchte Filme gezeigt. Die meisten haben Preise beim Naturfilmfestival abgeräumt, das findet hier in jedem Jahr statt, dazu auch auf dem Kinoschiff in Born, im Kunstmuseum Ahrenshoop und im „Kiek In" in Prerow. Es geht ganz demokratisch zu: Das Publikum, darf mitreden und abstimmen, sogar die Kinder, für was es welche Ehrung geben soll.

In Deutschland gibt es 14 Nationalparks, drei davon liegen in Mecklenburg-Vorpommern, und der bekannteste ist der Nationalpark Vorpommersche Boddenlandschaft. Er ist mit (offiziell) 786 Quadratkilometern zugleich der größte. Ein Besuch im Nationalpark-Haus, in der Darßer Arche, ist unverzichtbar, wenn man hier Urlaub macht. Die Wiecker Arche soll nicht ganz so groß sein wie die des biblischen Noah, sie ist „nur" 133,5 Meter lang, 22,3 Meter breit und 13,4 Meter hoch. Das genügt. Außerdem: Wer hat eigentlich das Original gesehen und so genau vermessen, das man sagen könnte, dieser Nachbau sei kleiner? Wichtig ist: Er ist wie das Vorbild gut gefüllt und sein Auftrag der gleiche: Natur bewahren, aber auch Kenntnisse vermitteln, Sensibilität fördern, den Sinn für ihre Schönheiten wecken.

Zings

Der Kranich als Symbol und Attraktion

Dieser Vogel wurde schon vor Jahrtausenden ehrfürchtig betrachtet und verehrt, er galt vielen Völkern sogar als heilig, ein wenig ist er es noch immer. Die Rede ist vom Tier *Grus grus*, vom Kranich, also von dem Vogel, der sich in riesigen Schwärmen Jahr für Jahr im Herbst aus Nordeuropa auf den Weg in den Süden aufmacht, dort überwintert und im Frühjahr wiederkommt. Rast macht er dabei immer auf dem Fischland, dem Darß und vor allem auf dem Landsend von Zingst und dem Großen Kirr im Barther Bodden. Er sorgt dafür, dass zu diesen Jahreszeiten die Touristen in ebensolchen Schwärmen „einfallen". Sie wollen diese Vögel sehen, beobachten und vielleicht – wer kann das wissen – von ihrem Mythos zehren.
Vor ihnen hat das schon vor 90 Jahren die größte deutsche Fluggesellschaft gemacht, der Kranich ist das Wappentier der Lufthansa, denn er gilt seit undenklichen Zeiten auch als Glücksvogel und als Himmelsbote. Schiller hat das gewusst und dem Kranich in diesem Sinne in seiner Ballade „Die Kraniche des Ibykus" die Hauptrolle gegeben.
Der Kranich also: Auf dem westeuropäischen Zugweg flogen allein im Jahr 2017 rund 350.000 Kraniche in die Winterlager. Etwa 60.000 legten Rast im Nationalpark Vorpommersche Boddenlandschaft und in der näheren Umgebung ein, bevor sie Richtung Spanien und Portugal, Marokko, Algerien und Tunesien weiterflogen. Sie gehörten zumeist zur Spezies Grauer Kranich, die anderen 14 Arten, die es auch noch gibt, streifen Norddeutschland nur selten.

Eben gelandet – ein Kranichpaar sucht sich sein Abendessen

Schon im Flug bietet der Kranich einen majestätischen Anblick. Flügelspannweite bis zu 2,45 Meter! Wenn er im Schmuck seines hellgrauen Gefieders mit einem Federbusch auf der roten Kopfplatte auf den Feldern steht und neben Samenkörnern allerlei Insekten, ja selbst kleine Mäuse frisst und sich majestätisch wieder aufrichtet, wirkt er sehr groß. Das ist er auch. Erwachsene Tiere schaffen locker 1,30 Meter Höhe. Bevor er wieder abhebt, um in Höhen von bis zu 4.000 Metern und mit durchschnittlich 65 Stundenkilometern bis zu 6.000 Kilome-

Weiten Abstand halten! Und trotzdem tolle Bilder machen.

ter weit zu fliegen, wird er belagert: Von den Touristen eben und von Fotografen. Aber: Der Kranich wird sehr konsequent beschützt! Wer etwas dichter an die Rastplätze herankommen will, muss sich beizeiten um Eintrittskarten für die Beobachtungsplattformen kümmern. Die Verwaltung des Nationalparks sorgt dafür, dass die Plätze rar sind, und die von ihm angebotenen Exkursionen für wenige Teilnehmer werden von strengen Rangern geführt. Im Übrigen ist es wie überall: Ein Monopol gibt es auch hier nicht, also wird das Tier wie jede Touristenattraktion total vermarktet. Von Multimediashows über Kranichkonzerte, -vorträge, -wanderungen, -menüs (was da wohl auf die Teller kommt?) und Abenteuerexkursionen gibt es kaum etwas, was es nicht gibt. Man kann auch Kranichtouren auf den Ausflugsschiffen buchen, aber dicht kommt man da kaum heran. Der Riesenvogel ist geräuschempfindlich, viel braucht es nicht, der trompetenartige Warnlaut eines „Wächterpaares" genügt und der Schwarm hebt ab.

… Doch ist es jedem eingeboren,
dass sein Gefühl hinauf- und vorwärts dringt,
wenn über uns, im blauen Raum verloren,
ihr schmetternd Lied die Lerche singt,
wenn über schroffen Fichtenhöhen
der Adler ausgebreitet schwebt
und über Flächen, über Seen
der Kranich nach der Heimat strebt.

Aus „Faust", 1. Teil
von Johann Wolfgang von Goethe (1749–1832)

Was treibt eine Qualle an?

„Den Neugierigen gehört die Zukunft." Wer hat das gesagt? Egal, der Satz ist richtig. Also: Was hat ein Tintenfisch mit einer Rakete gemeinsam? Die Antwort auf diese und tausend andere Fragen dieser Art gibt es im Experimentarium Zingst. Nicht nur Kinder können sich hier „schlau machen". Tintenfisch und Rakete – beider Fortkommen beruht auf dem Rückstoßprinzip. Wie das funktioniert, kann man hier in Experimenten ausprobieren. Von dieser Möglichkeit wird reichlich Gebrauch gemacht. Nicht nur wenn an Regentagen am Strand nichts los ist und allemal im Winter. Schulklassen geben sich die Klinke in die Hand – nachdem sie sich vorher angemeldet haben, aber alle anderen dürfen einfach reinmarschieren, jeder Neugierige ist gern gesehen.

In den hellen Räumen stehen Dutzende Funktionsmodelle. Da kann man lernen, wie eine Welle entsteht und warum sie immer – egal woher der Wind weht – gerade auf den Strand läuft. Was hat es mit Newtons Kugelwiege für eine Bewandtnis? Wie lässt sich der Pendeleffekt praktisch nutzen? Natürlich stehen Kundige bereit, die alles erläutern, aber probieren müssen die Besucher schon selbst. Kinder bauen sich gern eigene Modelle. Den Umgang mit Sägen, Hämmern, Feilen und mit Leim können sie hier lernen, dafür, auch fürs Konstruieren, gibt es Workshops. Wer's draufhat, ist bald in der Lage, ein Schiffsmodell zu bauen, sogar eines mit Solarantrieb. Und noch einmal das Rückstoßprinzip. Dessen ungeliebten Nutzern kann man – mit etwas Pech – im Wasser begegnen. Es sind die Quallen.

Niemand weiß, was er kann, bevor er's nicht versucht

✶ Langer Laufsteg – die Seebrücke in Zingst

Auch mal übers Wasser laufen

Da steht ein Schild und auf dem ist zu lesen: „Benutzungsordnung … § 1: Die Seebrücke Zingst ist ein Hafen im Sinne des § 1, Ab. 2 der Hafenverordnung (Haf-VO-M-V). § 3: Die Befugnisse der Hafenbehörden regeln sich nach den §§ 2, 4, 8 der Haf-VO-M-V." Wir sind in Deutschland, und alle Touristen kennen die Haf-VO natürlich auswendig. Sie hier noch einmal zu lesen erübrigt sich. So schlendern ganze Scharen achtlos an dem Schild vorbei hinaus auf die Brücke, und das lohnt allemal. Man kann sehen und man wird gesehen. Letzteres ist mancher/manchem wichtig. Von draußen ist der gesamten Strand zu überschauen, man kann sich sonnen, kleine Kunstwerke auf dem Geländer bestaunen, sieht, wie die Wellen zum Ufer laufen, und hört – je nach der Jahreszeit – fröhlichen Kinderlärm. Und das Murren und Schimpfen, wenn die Möwe Emma mal wieder was auf's Supersonnensommerkleid gekleckert oder Paulchen mit dem Schokoeis um sich geworfen hat.

Wenn die „lieben Kleinen" im Bett liegen, darf vom Brückenkopf geangelt werden. Das ist erlaubt (siehe Haf-VO-M-V).

Seebrücken gibt es auch in Prerow und Wustrow. Auf allen finden rings ums Jahr Events statt. Sie beginnen mit dem Neujahrsfeuerwerk in Zingst und – das sollte man kaum glauben – bereits um 16 Uhr wird angebadet. Nicht geschwommen! Das wäre sicherlich zu viel verlangt.

Völlig ungefährlich – Tauchtiefe maximal 10 Meter

Abtauchen, aber nicht zu tief

„Wie blau ist das Meer …" Ja, wenn die Sonne vom wolkenlosen Himmel scheint. Das Wasser selbst ist nicht blau. Wer sich einmal unter Wasser umgeschaut hat, weiß das. Ein Nichtschwimmer kann das als Gast in der Tauchgondel an der Seebrücke Zingst überprüfen. In etwa zehn Meter Tiefe ist die Ostsee meist grün-gelblich und auch nicht glasklar. Bei ruhiger See sieht man durch die Fenster der Glocke etwa 12 bis 15 Meter weit, doch wenn der Wind stärker weht nichts, gar nichts. Da erklärt dann der Tauchgangleiter via Bildschirmpräsentation den bis zu 30 Touris, die sich in der Glocke drängen, was zu sehen wäre, wenn … Er macht das ganz witzig; der „Katzenhai" lässt grüßen.

GESCHMACKSSACHE – MATJESEIS

Zutaten 2 Matjesfilets. 1 mürber Apfel. Preiselbeer-Gelee. Sauerrahm. Joghurt. Eigelb. Sahne.

Zubereitung Den Apfel schälen, fein reiben, Sahne erwärmen und den Matjes mit den Preiselbeeren fein pürieren. Eigelb über Wasserdampf auf das doppelte Volumen aufschlagen. Sahne dazu. Rühren. Sauerrahm und Joghurt darunterziehen. Ein Schuss Sherry kann nicht schaden. Und dann: Die Mischung zu Eis gefrieren.

Was ist das dann? Eine Vorspeise oder ein Dessert? Und wo gibt es das in dieser Art oder in Variationen? Im Restaurant „Nautica" im Steigenberger Strandhotel in Zingst, da wurde dieses Eis kreiert.

Hoffen auf zappeliges Strandgut

✶ Originelle Einfälle braucht's und handwerkliches Geschick

Selber machen!

Frau (wahlweise ein Kind) geht am Strand entlang, schaut und sucht und – findet: schöne Steine, kleine vom Meer geformte Ästchen, Federn, rosafarbene Muscheln, einen versteinerten Seeigel … Das wird alles eingesteckt. Aber was dann? Die Funde müssten mal in einen Rahmen, montiert zu einer Collage. Doch es fehlt noch was, ein Bernstein, ein kleiner Hühnergott, ein wenig Tauwerk … Woher nehmen? Da bietet sich die Pommernstube-Kreativwerkstatt von Beate Henschel an. Hier gibt es das Fehlende und – das vor allem: kundige Anleitung, wie man seine Schätze zur Geltung bringen kann. Selber machen, nicht nur kaufen! Sich, auch den Daheimgebliebenen, eine Freude machen.

Seemannsgrab an Land

Nicht jeder Matrose kann Kapitän werden. Aber wenn er es geworden war, dann hatte er – vor allem in der großen Zeit der Segelschifffahrt – allerhand Gefahren überstanden, auf See und an den fernen Küsten. Manch einer unter ihnen hat es vermocht, auch seine Söhne für die Arbeit auf dem „Blauen Acker“ zu begeistern. Nur so ist es zu erklären, dass es Familien gab, die der Mecklenburger, der Preußischen (Pommern!) oder der Rostocker Schifffahrt über Generationen hinweg tüchtige Kapitäne stellten. Wer von ihnen nicht auf See geblieben ist, ruht von seiner Lebensreise über alle Meere aus. Unter anderem auf dem Friedhof in Zingst.

Hier ruht ein Schiffskapitän – kein Hauptmann von der Garde

✶ Mit Ölzeug und Südwester – unentbehrlich noch vor 50 Jahren

Boote in der Brandung

Seeleute von heute bezeichnen die Ostsee schon gern einmal als „feuchte Wiese“. Vor hundert Jahren hätte kein Fahrensmann so eine Lippe riskiert, da war jede Strandung absolut lebensgefährlich. Damals ruderten wagemutige Männer in Holzbooten in die Brandung, sie riskierten Kopf und Kragen für die Kameraden. Wie sie arbeiteten, was sie bewirkten, kann man im Alten Rettungsschuppen an der Seebrücke in Zingst erfahren. Wenn jetzt Not am Manne ist, läuft ein hochmoderner

Seenotkreuzer oder ein Jet-Boot aus. Dennoch: Seenotrettung ist noch immer eine gefährliche Aufgabe geblieben, sie fordert den ganzen Mann.

Drei kamen nie wieder – Seerettung vor 150 Jahren

Am 8. Januar 1830 saß zwischen Prerow und Zingst ein Schiff im Eis fest. Prerower Einwohner, etwa 80 Männer, unter ihnen viele erfahrene Seeleute, zogen am Tag darauf in der Frühe zum Strand, um bei günstiger Witterung und einigermaßen sicherem Eis das zwei Meilen von der Küste liegende Schiff und die Mannschaft zu retten. In einer langen Kette zogen die Männer über das Eis. Während die Vorhut bereits voraus war, bemerkte ein Teil der Zurückgebliebenen, wie sich die kompakte Eismasse plötzlich in Bewegung setzte. Ein Spalt tat sich auf, 20 Prerower waren vom Festland abgeschnitten. Bis auf fünf Seeleute konnte sich alle retten, die fünf aber trieben immer weiter hinaus. Zum Glück hielt die gewaltige Scholle genau Kurs auf das im Eis festsitzende Schiff. Von hier kamen zwei Matrosen den Prerowern entgegen und brachten sie sicher an Bord. Doch deren Aufenthalt war nicht von langer Dauer. Die Seeleute wollten auf jeden Fall an Land zurück. Sie würden den Weg über das Eis schon finden. … Es war drei Uhr nachmittags. Das

* Die Ausrüstung könnte noch immer gute Dienste leisten

Wetter wurde leicht diesig, dann fiel dichter Schnee ...
Bis zum 31. Januar galten die fünf abgetriebenen Seeleute als verloren und wurden von ihren Familien betrauert. An diesem Tag meldeten sich drei von ihnen aus Nyborg auf Fuhnen in Dänemark und erzählten, dass sie alle zusammen von dem Schiff aufgenommen worden waren, wenig später aber versucht hätten, wieder das Land zu erreichen. Das glückte nicht. Nur drei der fünf Männer kehrten zum Schiff zurück, das sich immer weiter von der Küste entfernte. Nach einer langen und gefähr-

lichen Eisfahrt erreichte der kleine Frachter den Hafen von Nyborg. Zwei Prerower Seeleute – Hans-Joachim Haut und Christop Dohrn – aber blieben für immer verschollen.

Aus einem zeitgenössischen Bericht

Badeleben in Zingst

Auch das seelische Verhalten wird durch den Seeaufenthalt stark beeinflusst, die geistige höhere Tätigkeit ruht aus, die niedere, das Triebleben, gewinnt freieres Spiel. Bei Kindern steigert sich der Betätigungstrieb; sie sind unermüdlich im Graben von Burgen, im Sammeln von Muscheln und Bernstein, und viele Erwachsene folgen ihrem Beispiel, dabei die so genannte Ruhigstellung des Gehirns als wohltuende Entspannung empfindend. Bei manchem Leichtgesinnten regt sich freilich auch das niedere Triebleben in verstärkter Weise. Der Mensch neigt zu Übertreibungen, auch im zu ausgiebigem Gebrauch der leider oft allzusehr nach großstädtischen Vorbildern eingerichteten Vergnügungen bis tief in die Nacht …

Geheimer Hofrat, Sanitätsrat Dr. Röchling
im Reichs-Bäder-Adreßbuch 1928

Brücke ins Natur- und Badeparadies

Unsere Altvorderen waren gute Konstrukteure und die preußischen Behörden fix. Die Arbeiter nicht minder. Der Bau der Meiningenbrücke über den Wasserarm, der den Bodstedter Bodden mit dem Barther verbindet, wurde 1908 begonnen. Zwei Jahre nur, dann stand sie fix und fertig da. Nur zwei Jahre bis zur Fertigstellung? Heute Unvorstellbar. Damals vollkommen normal. Es gab halt noch keine gefühlten einhundertundeins sich für zuständig erklärenden Behörden, Vereine, Initiativen und Aktivisten aller Couleur, sich widersprechende Verträglichkeitsgutachten und so

✶ Die Meiningenbrücke

weiter. Die Bahn- und Straßenbrücke aus Stahlfachwerk ist immerhin 470 Meter lang. Sie besteht aus einer Strombrücke, 14 jeweils 26 Meter langen Vorbrücken und einer Drehbrücke. Letztere braucht es, denn schließlich müssen Schiffe aller Art passieren können. Seitdem verbindet dieses Meisterwerk der Technik das Festland mit dem Darß und dem Zingst.

Natürlich ging das nicht über hundert Jahre problemlos. Die Brücke wurde überstrapaziert, denn täglich rollten Loks mit Dutzenden Güterwagen im Schlepp hin- und her, später brachten Sonderzüge Tausende „Kraft durch Freude"-Urlauber an die Küste. Dann folgten die Sowjetarmee und bald darauf das Aus. 1947 wurden die Gleise abgebaut – Reparationsleistungen an die UdSSR. Ein Dutzend Jahre später rollten erneut Züge, Material für die Grenztruppen der DDR … Und wieder kam das Aus.

Seit 2011 wird wieder gebaut, denn die klassische Anlage ist verschlissen. Es gibt einen Beschluss, bis 2015 (!) die Brücke völlig neu zu bauen und eine Bäderbahn einzurichten. Geplante Bauzeit allein für die Bahnstrecke fünf Jahre. Klappt nicht, Bürgerproteste, Kostenexplosion … und so weiter. Aber vielleicht kommt die Bahn nie mehr zum Rollen. Eventuell hat man die Rechnung ohne den Wirt gemacht, sprich ohne den „normalen" Urlauber? Ob der tatsächlich eine Fahrkarte lösen wird? Der will in aller Regel keine Koffer schleppen, sondern mit dem Auto vor sein Quartier fahren und möglichst auch direkt bis an den Strand.

Und nun? Vier Mal am Tag hebt sich bereits die neue Fahrbahn, lässt Autos warten und Jachten passieren. Ein interessantes Schauspiel.

Bodde

küste

✶ Zeesenboote brauchen wenig Wind

Urlaubsfreude unter braunen Segeln

Skipper Peter greift zur Buddel mit dem Kööm und nippt einmal. „Wer will einen Schluck? “ Die zehn Gäste auf seinem Zeesboot, sieben Frauen und drei Männer, schauen leicht verlegen drein. Nur zwei Herren nehmen einen kleinen „Hieb“. Eben hat man vom Hafen in Wustrow abgelegt. Also vier Schlückchen lächelt der Käpt'n. Vier? Natürlich. Rasmus, der Gott der Segler, muss auf alle Fälle einen Lütten haben. Und der Skipper sowieso. 50 Kubikzentimeter ins Gläschen und ab damit ins Wasser „For gooden Wind!“ Auf geht die Fahrt, denn der Rudergänger hat schon das große Segel gesetzt. Der Wind weht mäßig und kommt – wie meist hier auf dem Saaler Bodden – aus West.

Zeesenboote sind alte hölzerne Arbeitsschiffe, die in der Bodden-Fischerei schon vor Jahrhunderten eingesetzt wurden – bis etwa 1970. Dann rechnete sich der Fischfang mit diesem Bootstyp nicht mehr. Zu viel Handarbeit, zu wenig Ertrag. Zu hohe Kosten, denn ein Holzschiff braucht viel Pflege, also immer wieder kalfatern, schleifen, lackieren, neue Segel (immerhin bis zu 100 m^2, um das zehn Meter lange Boot voranzubringen). Also wurden nach und nach fast alle Boote aufs Trockene gebracht. Von Hunderten, die einst zwischen dem Saaler und dem Bodstedter Bodden „zeesten“, also mit der Breitseite am Wind und das Netz im Schlepp mehr dahintrieben als segelten, haben vielleicht drei Dutzend überlebt. Enthusiasten haben sie restauriert. Nun segeln sie „richtig“. Die Gäste freuen sich, denn das Schiff gleitet ruhig über das Wasser, nichts stört sie bei der Betrachtung der einmalig schönen Tier- und Pflanzenwelt der Boddenlandschaft.

Suche nach der Sagenhaften

Es war einmal eine Stadt, die hieß Vineta. Ihre Bewohner waren superreiche, böse und hochmütige Verschwender, üble Spötter. Da schickte Gott ein Strafgericht. Durch eine Sturmflut ging das Sündenbabel mit Mann und Maus unter. Gut möglich, dass das vorgekommen ist. Geblieben ist eine Sage und die gehört zu den schönsten und bekanntesten im Ostseeraum. Aber wo hat Vineta, das Atlantis des Nordens, gelegen? Da gibt es Thesen, und nicht wenige. Eine der jüngsten sagt: im heutigen Barther Bodden, also direkt vor der Stadt.

Bewiesen ist (noch) nichts, aber es könnte doch sein. Barth nennt sich also stolz Vineta-Stadt, ließ sich schon mal den Namen als Marke gesetzlich schützen und dies und das, vom Sportplatz bis zum Museum, mit dem entsprechenden Vorsatz versehen.

Das Vineta-Museum kann keine Sachzeugen vorweisen, denn gefunden wurde bisher nichts, was die These belegt. Aber die ist inzwischen zu einer Hypothese ausgebaut, die durchaus logische Gedankengänge aufweist. Man kann sie im dritten Obergeschoss des Hauses anhand von Texttafeln und typografischem Material nachvollziehen. Bereichert verlässt man das Museum aber wohl aus einem anderen Grund: In Barth arbeitete der Maler Louis Douzette (1834–1924), er war ein Künstler der Spätromantik, der in den Großen Galerien bisher zu wenig Beachtung fand. Hier sieht man die besten seiner Arbeiten, besonders die Mondscheingemälde. Schon wegen dieser Meisterwerke und dem Kapitel über die maritime Vergangenheit der Stadt lohnt der Besuch.

✳ Der Barther Bodden – liegt auf seinem Grund Vineta?

Wo de Ostseewellen

Es muss um 1965 gewesen sein. Horst Köbbert, der „Vorzeige-Seemann der DDR“ sang in seiner Fernsehsendung *Klock 8, achtern Strom* ein sehr bekanntes Lied. „Wo die Ostseewellen trecken an den Strand …“ Alle Gäste im Saal sangen mit, und ich dachte: typisch DDR! Das muss doch heißen: „Wo die Nordseewellen trecken …“ Das ist doch das Friesenlied, aber Nordsee, das darf ja nun nicht sein.

Jahre später habe ich erfahren, dass ich im Unrecht war mit meinem (gar nicht so abwegigen) Verdacht. Es heißt tatsächlich Ostseewellen! Den Text hat Martha Müller-Grählert (1876–1939) geschrieben, ihr Gedicht „Mine Heimat“ wurde in der Vertonung von Simon Krannig 1907 in der Schweiz uraufgeführt. Aber der Name der in Barth geborenen Schriftstellerin wurde dabei nicht erwähnt. Auch später nicht, denn es geschah das Größte, was einem Dichter widerfahren kann: Ihre „Ostseewellen“ wurden zum Volkslied. Nicht nur in ihrer engeren Heimat, sondern in ganz Europa, ja in Übersee. Die Friesen singen einen leicht abgewandelten Text, die Holländer haben ihn verändert und erweitert, das Lied erklingt in mancherlei Versionen auf Spanisch und Portugiesisch in Mittel- und Südamerika, auch in Afrika – aber immer mit der gleichen sehnsuchtsvollen Melodie.

Martha Müller-Grählert, die anfänglich für das Barther Tageblatt gearbeitet und zahllose Gedichte und Geschichten veröffentlicht hat, war eine bescheidene Frau. Sie konnte nicht kämpfen, Tantiemen für ihr Lied der Lieder hat sie kaum bekommen. Ein Vers von ihr lautet: Ein lütten Sparling flüggt nich hoch / Sin Kunst is

„… Hier bün ick to Hus“

eng umschräben. / Wenn ick uck man nur ein Sparling bün – / Dat mütt uck Sparlings gäben."

Im Museum in der alten Druckerei in Barth haben Sigrid und Hans Arlt, Angehörige der alten Druckereifamilie, alles über das Leben der Dichterin zusammengetragen. Man erfährt, dass sie die „Ostseewellen" in Berlin geschrieben hat, da war sie als Journalistin tätig. Dort heiratete sie 1904 einen Akademiker, einen Pferdespezialisten, der alsbald eine Professur in Japan erhielt. Mit ihm lernte sie auch China, Java, Siam und Hawaii, schließlich auch die USA kennen. Doch die Sehnsucht nach der Heimat ließ sie nicht los. Ab 1924 lebte sie, kinderlos und getrennt von ihrem Mann, in Zingst, in einem kleinen Katen, dem „Sünnenkringelhaus". Ihr Grab auf dem Friedhof des Ostseebades wird von vielen besucht, die ihre heiteren und ernsteren plattdeutschen Gedichte und Geschichten lieben. Manchmal singt vor ihm ein Chor: „Wo die Ostseewellen trecken an den Strand …"

Mine Heimat

Wo de Ostseewellen
Trecken an den Strand,
Wo de gele Ginster
Bleugt in'n Dünensand,
Wo de Möven schriegen
Grell in't Stormgebrus,
Da is mine Heimat
Da bin ick tau Hus.

Well- und Wogenrauschen
Wir min Weigenlied,
Un de hohen Dünen
Segn min Kinnertied,
Segn uck mine Sehnsucht
Un min heit Begehr,
In de Welt tau fleigen
Oewer Land un Meer.

Woll hätt mi dat Leben
Dit Verlangen stillt,
Hät mi allens geben,
Wat min Herz erfüllt.
Alles is verswunnen
Wat mi quält un drev,
Hev dat Glück nun funnen,
Doch de Sehnsucht blev!

Sehnsucht nah dat lütte
Kahle Inselland,
Wo de Ostseewellen
Trecken an an Strand,
Wo de Möven schriegen
Grell in't Stormgebrus
Denn da is mine Heimat,
Da bün ick tau Hus.

Martha Müller-Grählert
1907

Kapitänsbilder – Träume von Wind und Wellen

Liebeserklärung an Tiefwassersegler

„Windjammer": So nennt der Seemann ein großes Segelschiff. Aber der Name täuscht. Nichts da mit Jammer. Er ist keine Anspielung auf das entbehrungsreiche Leben der Seeleute auf einem Tiefwassersegler. Der Name kommt vom englischen „to jam the wind", also sich an den Wind pressen und dank seiner Kraft entsprechend schnell vorankommen. Die Schönheit dieser Schiffe, die noch vor 120 Jahren auf allen Weltmeeren zu Hause waren und Strecken von Australien bis nach England in 80 Tagen zurücklegen konnten, erscheint – von den wenigen Traditionsschiffen, die immer noch fahren, abgesehen – nur noch auf Kapitänsbildern. Kapitänsbilder? Richtig, denn ein Bild, das so genannt

wird, zeigt nicht das Porträt eines Seebären, sondern das detailgetreue Abbild eines Windjammers, also eines Vollschiffs, einer Bark, einer vollständig aufgetakelten Brigg. Ein solcher Anblick lässt das Herz eines jeden Seemanns höherschlagen und all derer, die das Maritime lieben. Im Windjammer-Museum in Barth kann man über 400 Kapitänsbilder bewundern. Die Galerie ist absolut einmalig, so etwas gibt es nicht in Hamburg, nicht in Lübeck, in keiner Hansestadt an Nord- und Ostsee! In einer sanierten Villa am Hafen der Vineta-Stadt reiht sich Schiffsporträt an Schiffsporträt. Was beeindruckt nun am meisten? Der Umfang des Gezeigten? Die fast naive Farbigkeit der Gemälde? Die Detailtreue? Da stimmt einfach alles: Immer sieht man ein vollständiges Rigg mit ebensolcher Beseglung. Nichts da mit Mühe und Arbeit. Sie segeln dahin, sie besänftigen das Meer, es unterwirft sich ihnen. Dass Sturm und Wogen über die Schanzkleider kletterten, dass sie zerfetzten und zerstörten, was ihnen im Wege stand, dass sie Schiffe stranden oder untergehen ließen … das ist nur ausnahmsweise mal zu sehen. Viele Schiffe halten Ostkurs. Warum? Ostkurs bedeutet Heimatkurs, hin zur Nord- oder Ostsee, nach Hamburg, Lübeck, Stralsund und Barth. Westkurs das heißt Auslaufen in die weite, gefahrenvolle Welt.
Der Stolz der alten Fahrensmänner: Da schneidet eine Dreimastbark bei Backbord einfallendem Wind die Wellen und zeigt anderen Klippern, die im Hintergrund zu sehen sind, ihr Heck. Das schönste Bild? Das detailfreudigste? Schwer zu sagen – jedes Gemälde ist eine Liebeserklärung für sich.

* Der Bibelgarten an der St.-Georgs-Kapelle in Barth

Von Pflanzen und dem „Buch der Bücher"

Im Jahre 1452 druckte Johannes Gutenberg in Mainz die ersten Bibeln in lateinischer Sprache. Das ist bekannt, dass aber nur 130 Jahre später in Norddeutschland der vollständige Luthertext in mittelniederdeutscher Sprache gedruckt wurde, wissen nur wenige. Die „Barther Bibel" von 1588 ist das Herzstück der Ausstellung „Bibelzentrum Barth" in der im 14. Jahrhundert erbauten und jüngst restaurierten St.-Georgs-Kapelle der alten Stadt am gleichnamigen Bodden.

Mainz ist eine berühmte Stadt – Barth war es auch, denn hier hatten die Pommernherzöge ihre Residenz und ihre „Förstlike Drückerye". Etwas vom Glanz und den Leistungen dieser Zeit spiegelt die Erlebnis-Ausstellung wider. Schon der in „Wohnkammern" gegliederte Kirchenraum mit seinen Wandmalereien ist sehenswert. Im Zentrum steht das „Buch der Bücher". Zahlreiche Ausgaben der Bibel, von der größten bis zur „kleinsten Bibel der Welt" werden präsentiert. Dazu kommen entsprechende Kunstwerke.

Im Bibelgarten begegnet man Pflanzen, die in Klöstern kultiviert wurden, die Namen von Heiligen tragen, dazu alle, die im heiligen Buch der Christen direkt erwähnt sind. Man erfährt, warum sie so heißen, was sie bedeuten und bewirken können. Es sind über 200 Sorten. Da stehen also unter anderen auch die Pflanzen, die im 5. Buch Mose erwähnt sind: „... dein Gott führte dich in ein gutes Land, darin Weizen und Gerste, Weinstöcke, Feigenbäume und Granatäpfel wachsen, ein Land, darin es Ölbäume und Honig gibt." Übrigens: In der Bibel wird die Weintraube 200 Mal erwähnt.

Suche nach vergrabenen Schätzen

Am Strand kann man so allerhand verlieren … Münzen, Sonnenbrillen, Autoschlüssel und so weiter verschluckt der Sand zumeist auf Nimmerwiedersehen. Sei's drum, es gibt anderes, was das Suchen lohnt. Wo ist der riesige Gold- und Silberschatz, wo sind die Reichsinsignien samt der Krone des glücklosen englischen Königs Johann Ohneland verblieben? Irgendwo im Sand verweht? In England? Nein. Den sollen Ritter des Templerordens gleich nach dem Tod des Königs im Jahr 1216 gestohlen und an den Saaler Bodden gebracht haben. Was wurde schon gebuddelt und gebaggert, um sie aufzufinden. Der Legende nach ruht der Schatz unter der Dorfkirche in Saal. Möglich wär es schon, denn zumindest ihr Chor wurde bereits im 13. Jahrhundert erbaut. Dass sie die älteste in der Region ist, sieht man ihr auch an. Außen solidester Backstein auf Feldsteinsockel, innen Strebepfeiler. Weil die Templer jederzeit an ihren Schatz heranwollten, soll ein unterirdischer Gang hinter dem Altar direkt zum Bodden oder einem Kanal führen. Vielleicht hat die „Arme Ritterschaft Christi" ihn abgeholt? Soll … und vielleicht … Überhaupt Saal. Da hatten auch die Vitalienbrüder und ihr Anführer Klaus Störtebeker um 1390 eine Burg. Als sie sich der anstürmenden Dänen nicht mehr erwehren konnten, sollen auch sie einen Schatz unter der Kirche versteckt haben, oder dicht daneben. Vielleicht unter dem freistehenden Glockenturm? Aber der ist ja kaum fünf Jahrhunderte alt … So oder so, wer das Gotteshaus besucht, wird angeweht vom Atem der Geschichte.

Backsteingotik – das Portal der Saaler Kirche

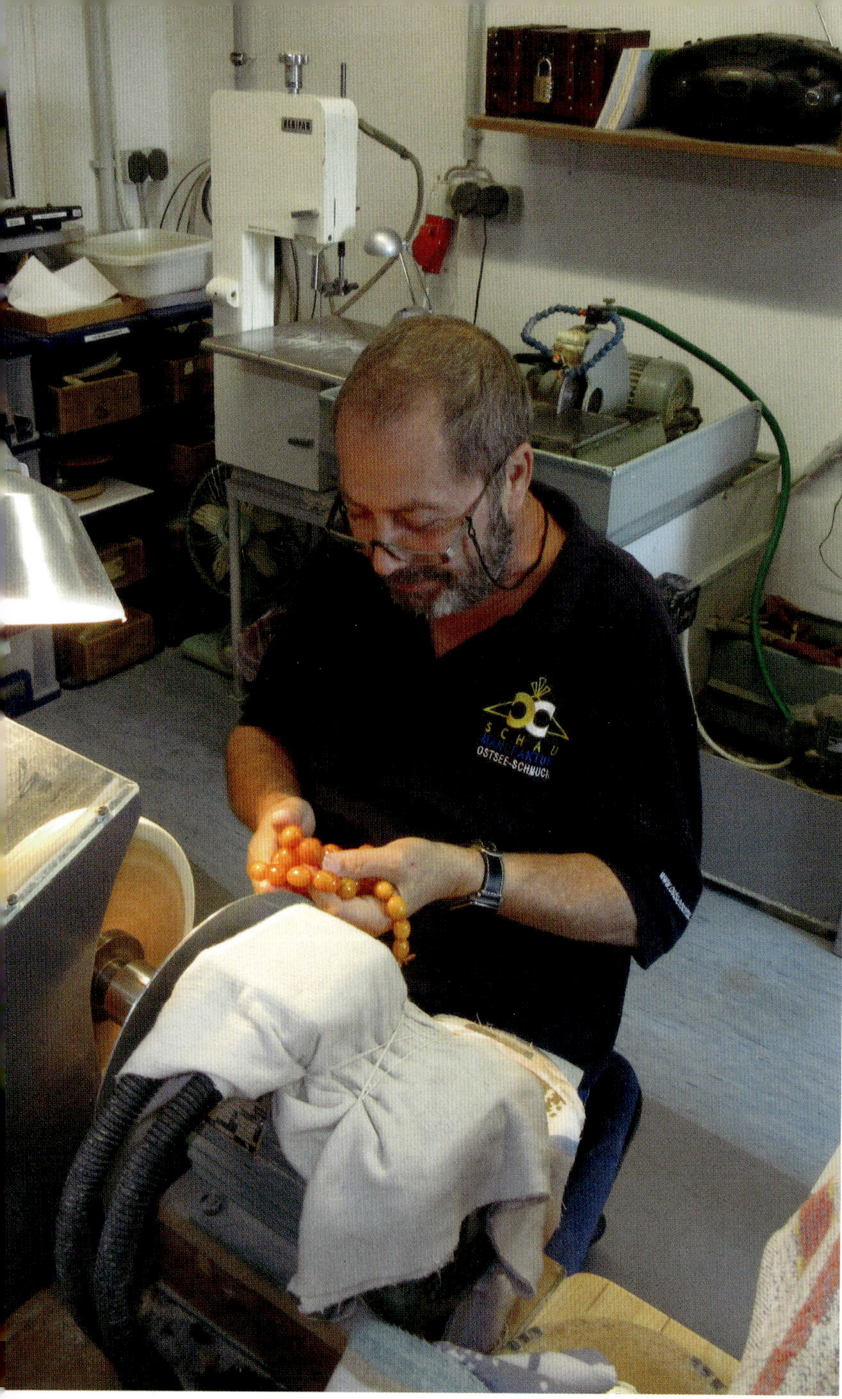

Der Meister bei der Arbeit

Schauen, staunen und auch selber machen

„Das hier habe ich am Strand gefunden", sagt eine Frau, „wahrscheinlich ist das Bernstein. Was mache ich nun damit?" Peter Thews, der Chef der Schleifstube der Ostsee-Schmuck GmbH, sieht auf den ersten Blick, ja, das ist Bernstein, klein und roh, noch „blind", aber natürlich kann der Urlauberin geholfen werden. Sie darf an einem Tisch Platz nehmen, bekommt ein wenig Werkzeug und wird angeleitet, ihren Fund zu schleifen, ihm Form zu geben und seine Farbe zum Leuchten zu bringen.

Werden so Geheimnisse verraten? Nein. Die Besucher einzubeziehen ist Programm. Der attraktive Neubau im Gewerbegebiet am Rande von Ribnitz-Damgarten präsentiert nicht nur auf drei Etagen die größte Verkaufsausstellung der Welt für Bernstein, in der Schaumanufaktur kann man beobachten, wie das „Gold der Ostsee" zu Dingen voller Schönheit verarbeitet wird. Alleine das ist ein Magnet.

Im Eingangsbereich steht eine Kogge, maßstabsgerecht, detailgetreu gebaut aus – Bernstein. Der leuchtet in all den Farben, die das edle Material auszeichnet: weiß, gelb, braun und rot. Schwarzen und blauen, der sehr selten, also entsprechend wertvoll ist, sieht man hier nicht, diese Qualitäten finden sich im attraktivem Schmuck in den Vitrinen. Spätestens da wird man gewahr: Bernsteinschmuck ist keineswegs nur die Zier alter Damen, jetzt kommt er ausgesprochen modern daher.

In einer Ecke kichern ein paar Mädchen. „Was nehme ich? Den Anhänger für 20 Euro, oder doch das Armbändchen? Vielleicht den kleinen Leuchter mit dem goldenen Morgenstern?"

Skorpion im Bernstein

Immer, wenn im sturmbesonnten Land die See in großen Wogen auf den Strand gelaufen ist und sich zurückgezogen hat, gehen sie bereits im Morgengrauen los: die Bernsteinsucher. In der Saison sind das fast ausnahmslos die Urlauber, und sie suchen fast immer an den falschen Stellen. Also unmittelbar an der Wasserlinie. Kaum einer von ihnen weiß, dass Bernstein auf Salzwasser schwimmt, dass ihn die See hoch an die Dünen treibt. Dort muss man den Tang, die angeschwemmten Äste und den Müll der Zivilisation umdrehen und auseinanderfitzen. Keine schöne Arbeit, aber gut für manche Überraschung.

Vor Jahrmillionen im Bernstein konserviert

Bernstein entstand bereits im Kambrium, ist also bis zu 541 Millionen Jahre alt. Der Mensch nutzt das „Gold des Meeres“ seit Jahrtausenden. Alles Zeiträume, die wir uns kaum vorstellen können. Aber dem Besucher des Deutschen Bernsteinmuseums in Ribnitz-Damgarten, es ist das größte seiner Art weltweit!, wird ein gutes Stück geholfen.
Bernstein kommt nicht nur an der Ostsee vor, hier aber wohl am zahlreichsten, und zwischen Lübeck und Königsberg wurden die „schwimmenden Steine“ am häufigsten bearbeitet. Faszinierende Exponate belegen das. Zu sehen sind unter anderem kleine Kunstwerke wie Amulette, die durch die Kraft des Materials und die ihm aufgeprägte Form Unglück fernhalten sollten; die Büste einer archaischen Göttin entstand um 550 vor unserer Zeit. In einem Grab fand sich eine Bernsteinkette, die noch einhundert Jahre älter ist …
Auf drei Etagen ist alles zu sehen, was mit dem Thema Bernstein in Verbindung steht. Zum Beispiel Inklusionen, das sind Einschlüsse von Pflanzen und Tieren im durchsichtigem Baumharz. In diesen Inklusen wurden unter anderem Eidechsen, Fliegen, Mücken, Skorpione und Pflanzenteile konserviert. Dadurch weiß man Genaueres vom Leben in fernen Erdzeitaltern. Filme zeigen, wie seit über hundert Jahren Bernstein im Tagebau gewonnen wird und wie die Fischer noch vor hundert Jahren in der Brandung Gesundheit und Leben wagten, um das Gold der Ostsee zu bergen. Die jüngsten Besucher lockt das „KinderBernsteinland“, hier können sie sich eigenen Schmuck basteln. Für die Steinchen, die sie dazu brauchen, reicht das Taschengeld.

„Nonnenstaub" hinter Klostermauern

Während des Bauernkrieges (1524/25) wurden viele Klöster zerstört; die küstennahen waren weniger betroffen. So blieb das Hauskloster der mecklenburgischen Fürsten bis auf unsere Tage weitgehend erhalten und bewahrte fast alle seine Kunstschätze. Vom Baukörper aus dem 14. Jahrhundert, der an der Europäischen Route der Backsteingotik liegt, abgesehen: In der Kirche sind unter anderem die „Ribnitzer Madonnen" zu bewundern, Holzbildwerke von seltener Schönheit. Und, das ist ganz selten, „Nonnenstaub", kleine Sachzeugen aus dem Leben der adligen „Fräuleins", irgendwann einmal zwischen die Fugen der Dielenbretter gefallen, geben Einblick in den Alltag im einzigen Klarissenkloster Norddeutschlands und dem seit der Reformation evangelischen Konvent.

1921 sollte, wie alle anderen Klöster und Konvente in der jungen Republik, auch das in Ribnitz aufgehoben werden, doch der mecklenburgische Adel setzte noch einmal seine alten Rechte durch. Die letzte Konventualin, Olga Friederike Richardine von Oertzen, starb erst 1961. Damit ging das seit 1323 bestehende Kloster unter. Doch nicht ganz. Vor dem ehemaligen Dominahaus steht seit 1999 ein Denkmal der „hohen Frau". Sie schaut etwas martialisch aus. Das war sie nicht. Die Ribnitzer achten sie, denn sie sprach Platt wie sie, war burschikos, energisch und machte mit ihren Hunden Biene und Optimus die Gegend „unsicher".

✶ Grabmal für Magdalena von Behr (Ribnitz 1751)

✶ Welch Glück – sie kamen nie zum Einsatz

Donnervögel und Erbsensuppe

Ruhm der Kommunistischen Partei der Sowjetunion! Die kyrillischen Schriftzeichen sind verwittert, kaum zu erkennen. Sie bedecken die Frontmauer einer Ruine, und die hält sich noch eben aufrecht in dem riesigen ehemaligen Militärgelände, das die deutsche Luftwaffe 1935 als Seefliegerhorst erbaute. Ramponierte Kasernen. Hangars, in denen später die „Roten Flieger“ ihr Feldquartier hatten, stehen auf bröckelndem Beton, dazu ein paar arg gezauste Donnervögel vom Typ MIG. Noch vor drei Jahrzehnten starteten sie von der nahen Rollbahn in Pütnitz-Ribnitz-Damgarten zu Patrouillenflügen im Ostseeraum. In den Hallen reihen sich Sowjetpanzer, Geschütze und Militärtransporter jedweder Bauart aneinander.

Die Besucher des Technik-Museums sind überwiegend Männer, die sich hier an ihre Jugendjahre bei der „Fahne“ erinnern. Manch einer klemmt sich noch einmal hinter das Lenkrad eines tonnenschweren SIL-Transporters und wühlt sich mit ihm über den verschlammten Parcours, der das Gelände durchzieht, isst eine Erbsensuppe aus der Gulaschkanone. Nostalgie.

Überall in den Hallen gibt es „Technik aus dem Alltag des ehemaligen Ostblocks“ zu bestaunen. Also nicht nur Militärisches. In Nummer Zwei trifft man auf eine Pkw-Parade. Da stehen Wartburg und Trabant; der kleine Saporoshcz, auch Shiguli und Wolga sind zu sehen, dazu die Nobelkarossen, in denen einst Erich Honecker und sein Gefolge reisten … Das ist schon alles interessant. Und allemal sind es die Informationen, die heute so selbstverständlich an den Exponaten stehen. Panzer T 72, 840 PS, Gefechtsgewicht 41,5 Tonnen, Verbrauch? Um die 300 Liter auf 100 Kilometer, Stückpreis 1,8 Millionen Dollar …

Abseits im Verborgenen liegt der Hafen. Erreichen kann man ihn nur über's Wasser. Im Krieg zerschossene Spundwände, leere Bastionen für die Flak, verrottete Laufstege … Man sieht und staunt und sagt sich immer wieder: Sic transit gloria mundi – So vergeht der Ruhm der Welt.

✶ Feininger nannte Ribnitz eine Märchenstadt

Entdeckung einer stillen Liebe

Lyonel Feininger (1871–1956), der große amerikanisch-deutsche Maler und Grafiker der klassischen Moderne, ist insbesondere durch sein Wirken am Bauhaus Weimar und Dessau bekannt. Dass ihn mit Ribnitz-Damgarten eine stille Liebe verband, dass er oftmals hier weilte, zeichnete und malte, wissen nicht viele Binnenländler. So wenig, wie sie wissen, dass Feininger Ribnitz eine Märchenstadt genannt hat. Umso überraschter sind sie, wenn sie das kleine Kabinett der Galerie im Kloster betreten. Hier treffen sie auf Handzeichnungen und Druckgrafiken, die sie bisher nie zu sehen bekamen. Dazu gehört das berühmte Rostocker Tor der Stadt, das er unter dem Namen „The Gate" zwischen 1912 und 1918 mehrfach gezeichnet und als Kaltnadelradierung vervielfältig hat. Diese „Torbilder" nehmen einen zentralen Platz in seinem Schaffen ein. Die schon um 1905 entstandenen Zeichnungen Ribnitzer Häuser und Studien ihrer Details belegen den künstlerischen Werdegang des Meisters vom schlichten Realismus zum Expressionismus.
Zu danken ist dieser kaum gehobene Schatz des 20. Jahrhunderts dem Kunstverein des Städtchens am Saaler Bodden.

✶ Kein Labskaus – Fischsuppe vom Allerfeinsten

Kantüffelmus un Pöklelfleesch

Der Bus aus Rostock rollt in Richtung Darß. Wer nicht aus dem Fenster schaut sieht ein Werbeschildchen. Text: „Dein Ticket für easy driving …“ Ob die alten Damen aus Dändorf wissen, was das heißen soll? Eher nicht. Sie sprechen Plattdeutsch und das verstehen die Urlauber neben ihnen so wenig wie sie Denglisch. Gerd und Juliane mit Kind Emilia kommen aus Nürnberg und werden noch Gelegenheit bekommen, sich in das Idiom des Nordens einzufühlen.

Freitagmittag in Dierhagen-Dorf: Wochenmarkt mit vielen Ständen dicht am Hafen. Kein Anbieter von Gemüse, Bio-Käse und so weiter, der nicht hier zu Hause wäre. An einem Stand gibt's Labskaus. Selten wird er angeboten. „Das nehmen wir, es soll was ganz Besonderes sein“, sagt der Mann aus Franken.

„Hm, das ist lecker. Und wie macht man das Gericht?“ Die Frau im Fischlännersch Kleid gibt bereitwillig Auskunft: „Alln's wat du bruuks, hollt sick good över Weeken. Kantüffelmus un Pöklelfleesch. Dosenfleesch vun de EG und allens wat vun den Rindfleeschbarg kummt, geiht nich. Zibbel, suur inleggt Gurken. Kööont ok seutsuur Gurken sin. Rode Beete, Rullmops, Bismark oder ok de dänschen seuten Hering. Wahrschau: Der Fisch kümmt jümmers blangenbi un ni nich mittenmang! De Hering kümmt half blangenbi un half op den Labskausbarg. De Eier, de kümmt as Spegeleei baben op. Dorto: Beer un Kööm.“

„Und wo gibt's das so noch?“

„Dat gif et hier nich in dat Restaurant, nur bei Muddern oder bei mi.“

Gerd schaut Juliane an: „Hast du das verstanden?“

„Ich auch nicht“, spricht das Kind.

Anmerkung: In der Buchhandlung in Ribnitz-Damgarten, also nur ein paar Kilometer weiter, gibt's ein Wörterbuch Hoch-Platt.

Übersetzung für Nürnberger und andere Binnenländler

Alles, was du brauchst, hält sich wochenlang. Kartoffeln für Mus und Pökelfleisch. Dosenfleisch aus der EU und alles was vom Rindfleischberg kommt, geht nicht. Zwiebel, sauer eingelegte Gurken, es können auch süßsauere Gurken sein. Rote Beete, Rollmops, Bismarckhering oder auch die dänischen kleinen Heringe. Aber Achtung: Der Fisch kommt immer extra und nicht so untergemischt. Der Hering kommt halb daneben und halb oben auf den Labskausberg. Die Eier dann als Spiegeleier auf das Ganze. Dazu gibt's Bier und Kümmelschnaps.

★ Am Hafen in Wustrow

Kurze Geschichte der Region

Der Mensch lebt hier schon zwölf mal tausend Jahre

So ist das in Deutschland: Gleich ob Stadt oder Dorf, jede menschliche Siedlung gilt erst dann als wohl gegründet, wenn ihr Name in der geschriebenen Geschichte auftaucht. Rundet sich eine Jahreszahl, wird groß gefeiert. Nach dieser Art Vergangenheitsbetrachtung war zum Beispiel Wustrow auf dem Fischland 2018 erst 783 Jahre alt. Archäologen wissen das besser. Ihre Bodenfunde belegen, dass hier und überall in der Region schon in der mittleren Steinzeit Menschen lebten, herumzogen, jagten, fischten, sammelten … also bereits vor etwa 12.000 Jahren. Die ersten germanischen Stämme siedelten um 3500 vor Christi zwischen dem Meer und den Achterwassern. Der Darß und der Zingst waren damals und noch bis ins 15. Jahrhundert hinein Inseln. Allmählich rückten slawische Siedler vor; verdrängten die Germanen und blieben hier bis um das Jahr 800. Dann aber zogen sie sich zurück. Der Grund: Sie wollten ihren Göttern die Treue halten und keine Christen werden. Geblieben sind die alten Ortsnamen. Wustrow heißt in den slawischen Sprachen Insel, auch Prerow, Zingst, Damgarten und Ribnitz waren einst slawische Siedlungen. Weitgehend vertrieben wurden die Slawen erst von Heinrich dem Löwen, der im 12. Jahrhundert außer dem Boddenland auch Rügen eroberte und später, als ihm die Dänen das Fischland streitig machten, dennoch Mecklenburg weithin behaupten konnte. Seinen Nachfolgern glückte es um 1325 auch, das Gebiet der Herzöge von Pommern um die Stadt

Barth und ihr Umland zu erwerben. Die Deutschen errichteten überall Burgen, Kirchen und Klöster samt den dazu gehörigen Siedlungen. Was blieb dem Rest der slawischen Bevölkerung? Er musste sich assimilieren oder fliehen.
Durch Ackerbau und Handwerk, durch Fischerei, Handel und Küstenschifffahrt wuchs der Wohlstand. Die ganze Gegend blühte auf. Das störte im 14. und 15. Jahrhundert die starken Hansestädte Rostock, Wismar und Stralsund. Piraterie von allen Seiten (man denke an den sagenhaften Klaus Störtebeker und seine Vitalienbrüder), die Hanse siegte schließlich und Ribnitz, die Stadt am Bodden verlor ihren Zugang zur offenen See.
Gestritten wurde weiter, mehr oder weniger hart, zu Land und auch zur See. 1520 war die Reformation in Pommern und in Mecklenburg eingeführt worden, weit zeitiger als in vielen anderen Regionen Deutschlands. Mit weiteren kriegerischen Folgen. Während des Dreißigjährigen Krieges wurden fast alle Städte und Siedlungen verwüstet, dazu kamen Hungersnöte, die Pest und mittendrin im Jahre 1625 eine Sturmflut, die schwerste Schäden hinterließ. 1648 endlich Frieden, doch die Region wurde geteilt. Mecklenburg erhielt die Halbinsel bis Altenhagen, den anderen Teil Schweden, ab 1815 wurde der dem Königreich Preußen zugeschlagen. Geschadet hat das offensichtlich nicht. Im ganzen 18. und 19. Jahrhundert blühte die Segelschifffahrt. Waren aus der Region wurden bis nach Amerika und Asien verhandelt. Der Wohlstand spiegelt sich noch heute in den großen Kapitänshäusern der Seeorte, aber auch in den mächtigen Kirchen in Ribnitz und Barth. Sogar die „kleinen Leute“ bekamen etwas davon ab. Trotz Leibeigenschaft stieg die Zahl der Freien Bürger weiter an.

✶ Begegnung im Abendlicht

✶ „Siege, aber triumphiere nicht“, Marie v. Ebner-Eschenbach (1830–1916)

Das Zeitalter der Segelschifffahrt endete mit dem 19. Jahrhundert, die Seeleute begannen in die großen Hafenstädte abzuwandern. Für alle anderen musste eine neue Erwerbsquelle gefunden werden, der Bädertourismus kam nach und nach auf Touren. Er ist es, der bis heute das Leben hier bestimmt. 1910 fuhr die erste Eisenbahn von Barth nach Zingst, mit ihr kam der Massentourismus auf. Bis 1937. Dann diente auch die Bäderbahn der Vorbereitung eines neuen Krieges. Als der verloren war, gehörte die Region zur Sowjetischen Besatzungszone, mit der Gründung der DDR zunächst zum Land Mecklenburg-Vorpommern, ab 1952 zum Bezirk Rostock. Damals fuhren die Touristen auf einem ausgefahrenen Sandweg aus Richtung Rostock auf Deutschlands schönste Halbinsel. Seit 60 Jahren rollen nun jährlich Hunderttausende über den Asphalt. Etwa fünf Milliarden Euro erwirtschaftet die Tourismusbranche des 1990 wieder erstandenen Bundeslandes Mecklenburg-Vorpommern im Jahr. Ahrenshoop, Wustrow, Prerow … haben daran einen guten Anteil. 1990 wurde auch der Nationalpark „Vorpommersche Boddenlandschaft“ gegründet, er ist heute einer der beliebtesten in Deutschland.

Erinnerung an die „Malweiber“ von Ahrenshoop (vgl. S. 100)

Informationen – Orte im Buch

Tourismusverband Fischland-Darß-Zingst
Barther Straße 16 * 18314 Löbnitz
Tel. 038324-6400
www.tv-fdz.de

Kurverwaltung Ahrenshoop
Kirchnersgang 2 * 18347 Ahrenshoop
Tel. 038220-666610
www.ostseebad-ahrenshoop.de

Barth Information
Markt 3/4 * 18356 Barth
Tel. 038231-2464
www.stadt-barth.de

Kurverwaltung Born
Chausseestraße 73 b * 18375 Born
Tel. 038234-50421
www.darss.org

Kurverwaltung (Haus des Gastes) Dierhagen
Ernst-Moritz-Arndt-Straße 2 * 18347 Dierhagen-Strand
Tel. 038226-201
www.ostseebad-dierhagen.de

Kur- und Tourismusbetrieb Prerow
Gemeindeplatz 1 ✶ 18375 Prerow
Tel. 038233-6100
www.ostseeband-prerow.de

Tourist-Information Ribnitz-Damgarten
Am Markt 14 ✶ 18311 Ribnitz-Damgarten
Tel. 03821-2201
www.ribnitz-damgarten.de

✶ Uferschwalben – FiDaZi bietet auch ihnen ein Quartier

Kur- und Tourist GmbH Darß
Bliesenrader Weg 2 ✶ 18375 Wieck
Tel. 038233-201
www.darss.org

Fremdenverkehrsverein e. V. Wustrow
Strandstraße 11 ✶ 18347 Wustrow
Tel. 038220-82763
www.fremdenverkehrsverein-wustrow.de

Kurverwaltung Ostseebad Wustrow
Ernst-Thälmann-Straße 11 ✶ 18347 Wustrow
Tel. 038220-251
www.ostseebad-wustrow.de

Kur- und Tourismus GmbH Zingst
Seestraße 56 ✶ 18374 Ostseeheilbad Zingst
Tel. 038232-81580
www.zingst.de

Nationalparkamt Vorpommern
Im Forst 5 ✶ 18375 Born
Tel. 038234-5020
www.nationalpark-vorpommersche-boddenlandschaft

Literatur

Anders, Gerta: Die Halbinsel Darß und Zingst. Rostock 1956

Das Kochbuch für Fischland-Darß-Zingst. Geschichten und Rezepte von Deutschlands schönster Halbinsel. Stralsund 2013

Gerds, Peter/Gehrke, Wolf-Dietrich: Vom Fischland in die Welt. 4. Aufl. Rostock 2006

Land im silbernen Licht. Hg. von Wolfgang Reif. Fischerhude 2013

Miethe, Käthe: Auf großer Fahrt. Die Navigationsschule zu Wustrow auf dem Fischland. Rostock 1990

Miethe, Käthe: Das Fischland. Rostock 1949

Miethe, Käthe: Unterm eigenen Dach. Schwerin 1956

Peters, J. F.: Das Land Swante-Wustrow oder Das Fischland. 3. Aufl. Ribnitz 1926

Soden, Kristine von: Stille Winkel auf Fischland, Darß und Zingst. Hamburg 2010

Der Autor

Michael Pantenius, geb. 1938, Historiker, Kulturwissenschaftler, Dr. phil. Ursprünglich Buchhändler, dann in verschiedenen Berufen tätig, u. a. als Seemann, Feuilletonchef einer Tageszeitung, Mitarbeiter in belletristischen Verlagen, Redakteur und Lektor. Zahlreiche Bücher, u. a. Reiseführer, Monografien, Romane sowie Feuilletons zur Kulturgeschichte. Zuletzt: „Trier – Die 99 besonderen Seiten der Stadt", „Eifel – Die 99 besonderen Seiten der Region" und „Johanna Elisabeth – Fürstin, Spionin und Geliebte" – Historischer Roman. Lebt in Halle (Saale).

Der Verlag und der Autor danken:
Der Kurverwaltung Ahrenshoop, dem Deutschen Bernsteinmuseum Ribnitz-Damgarten, der GmbH Ostseeschmuck Ribnitz-Damgarten, der Galerie im Kloster Ribnitz-Damgarten, dem Martha Müller-Grählert Museum in der Alten Druckerei Barth, dem Windjammer-Museum Barth, der AOK Mecklenburg-Vorpommern, sowie Pascal Baetens, Dr. Roland Bantle, Dr. Andrea Hanft, Barbara Pantenius, Susanne Pantenius, Susanne Schroetter, Michaela Silber und Martin Waak für die Unterstützung bei der Entstehung dieses Buches.

info@mitteldeutscherverlag.de

Fotografien: Michael Pantenius, außer S. 22 Pascal Baetens / S. 1, 4, 10, 50, 71, 83, 118, 119, 149, 151, 152, 204 Dr. Roland Bantle / S. 95 Susanne Pantenius / S. 39 Susanne Schroetter / S. 8, 38, 40, 86, 121, 126, 134, 152, 199 Michaela Silber / S. 186 Deutsches Bernsteinmuseum Ribnitz-Damgarten / S. 114 Sabine Konzarek / S. 115 Roland Völcker / S. 62 Kommunikationsdesign Voigt & Kranz

Gesamtherstellung: Mitteldeutscher Verlag, Halle (Saale)

ISBN 978-3-96311-157-0

Printed in the EU